Dr. Oetker

NUR FÜR MÄDELS DRINKS

Dr. Oetker

NUR FÜR MÄDELS DRINKS

Dr. Oetker Verlag

Tolle Ideen
DRINKS NUR FÜR UNS

Coole Partynacht oder langer Mädelsabend – mit frisch gemixten Drinks und Fingerfood kann man die Zeit wunderbar vergessen. Einfach mit den besten Freundinnen ausprobieren!

Cocktails & LONGDRINKS

Feiert die nächste Party doch mal mit Hugo, Pink Lady, Scarlett O'Hara und Pussy Cat. Bringen tolle Stimmung und machen richtig Spaß. Die dürfen die ganze Nacht bleiben!

SOMMERDRINK

PIMM'S NO. 1

FÜR 1 GLAS

ZUBEREITUNGSZEIT
5 Minuten

ZUTATEN
5 cl Pimm's No. 1
einige Eiswürfel
Zitronenlimonade oder Ginger Ale
1 Bio-Zitronenspalte (unbehandelt, ungewachst)
¼ Gurkenscheibe
1 Holzspieß (Schaschlikspieß)

Nährwerte pro Glas: Eiweiß: 0 g, Fett: 0 g, Kohlenhydrate: 25 g, Kilojoule: 742, Kilokalorien: 180, BE: 2,0

1 Pimm's No. 1 in ein zur Hälfte mit Eiswürfeln gefülltes Glas gießen, mit gekühlter Zitronenlimonade oder Ginger Ale auffüllen. **2** Zitrone und Gurke auf den Holzspieß stecken und den Drink damit garnieren.

Tipp: Pimm's No. 1 ist eine Ginspezialität bestehend aus Kräutern, Fruchtextrakten und Chinin.

MAI TAI

(OHNE FOTO)

FÜR 1 GLAS

ZUBEREITUNGSZEIT
5 Minuten

ZUTATEN
1 Bio-Limette (unbehandelt, ungewachst)
etwas grob zerstoßenes Eis
6 cl brauner Rum
2 cl Orangenlikör
1 cl Zuckersirup
1 cl Zitronensaft
1 cl Mandelsirup
einige Eiswürfel
1 Cocktailkirsche
1 Stängel Minze

Nährwerte pro Glas: Eiweiß: 0 g, Fett: 0 g, Kohlenhydrate: 26 g, Kilojoule: 1231, Kilokalorien: 294, BE: 2,0

1 Limette heiß abwaschen, abtrocknen, vierteln und über einem zur Hälfte mit zerstoßendem Eis gefüllten Longdrinkglas auspressen. Einige Limettenstücke in das Glas geben. Rum, Likör, Zuckersirup, Saft, Mandelsirup und einige Eiswürfel in einem Shaker kräftig schütteln. **2** Den Drink durch ein Barsieb in das Longdrinkglas abseihen, kurz umrühren, mit der Cocktailkirsche und dem abgespülten, trocken getupften Minzestängel servieren.

TITELREZEPT

PINK LADY

(IM FOTO LINKS)

FÜR 1 GLAS

ZUBEREITUNGSZEIT
5 Minuten

ZUTATEN
2 cl Ramazzotti Aperitivo Rosato
50 ml Pink-Grapefruitsaft
einige Eiswürfel
150 ml Tonic Water
1–2 Bio-Limettenscheiben (unbehandelt, ungewachst)
evtl. 1 Stirrer (Rührstab)

Nährwerte pro Glas: Eiweiß: 0 g, Fett: 0 g, Kohlenhydrate: 21 g, Kilojoule: 428, Kilokalorien: 114, BE: 2,0

1 Aperitivo Rosato mit dem Grapefruitsaft in einem Shaker schütteln, dann in ein mit Eiswürfeln gefülltes Glas gießen und mit Tonic Water auffüllen.

2 Den Drink mit den abgespülten und trocken getupften Bio-Limettenscheiben und nach Belieben dem Stirrer servieren.

0%
Alkohol

PUSSY CAT

(IM FOTO MITTIG & RECHTS)

FÜR 1 GLAS ♥ **ZUBEREITUNGSZEIT** 5 Minuten	**ZUTATEN** 2 cl Grenadinesirup 4 cl Orangensaft 4 cl Ananassaft	einige Eiswürfel 10 cl kalter alkoholfreier Sekt	1 klein geschnittene Bio-Orangenscheibe (unbehandelt, ungewachst)

Nährwerte pro Glas: Eiweiß: 1 g, Fett: 0 g, Kohlenhydrate: 27 g, Kilojoule: 499, Kilokalorien: 119, BE: 2,5

1 Grenadine mit den Säften in einem zur Hälfte mit Eiswürfeln gefülltem Longdrinkglas gut verrühren.

2 Sekt hinzugießen und den Drink nach Belieben mit der Orangenscheibe garniert servieren.

LADIES NIGHT

HAUSBAR-CLOU

FÜR 1 GLAS

ZUBEREITUNGSZEIT
5 Minuten

ZUTATEN
2 cl Weinbrand
2 cl Curaçao Triple sec
1 Spritzer Angostura Bitter
Sekt
½ Bio-Orangenscheibe (unbehandelt, ungewachst)

Nährwerte pro Glas: Eiweiß: 0 g, Fett: 0 g, Kohlenhydrate: 12 g, Kilojoule: 887, Kilokalorien: 212, BE: 1,0

1 Weinbrand mit Curaçao und Angostura in einem Sektglas gut verrühren. **2** Das Glas mit gut gekühltem Sekt auffüllen. **3** Den Glasrand mit einer Orangenscheibe garnieren und den Drink servieren.

MOJITO

(OHNE FOTO)

FÜR 1 GLAS

ZUBEREITUNGSZEIT
10 Minuten

ZUTATEN
2 TL Puderzucker oder
1 cl Zuckersirup
6 cl weißer Rum
Saft von ½ Limette
6–8 Minzeblättchen
einige Eiswürfel oder grob zerstoßenes Eis
etwas Sodawasser

einige Minzeblättchen

Nährwerte pro Glas: Eiweiß: 0 g, Fett: 0 g, Kohlenhydrate: 9 g, Kilojoule: 792, Kilokalorien: 189, BE: 1,0

1 Puderzucker oder Zuckersirup mit Rum und Limettensaft in ein Longdrinkglas oder einen Tumbler (Becherglas) geben und verrühren, bis der Zucker oder Sirup sich gelöst hat. Abgespülte und trocken getupfte Minzeblättchen darin etwas zerdrücken. Eiswürfel oder grob zerstoßenes Eis hinzufügen und verrühren. **2** Das Glas oder den Tumbler mit gekühltem Sodawasser auffüllen. Den Drink mit abgespülten und trocken getupften Minzeblättchen garnieren.

RICHTIG SCHÖN GRÜN

Green GARUDA

FÜR 1 GLAS

ZUBEREITUNGSZEIT
5 Minuten

ZUTATEN
etwas Zitronensaft
etwas gelber Zucker
2 cl Pisang Ambon (exotischer Frucht-Kräuterlikör)
4 cl weißer Rum
etwas zerstoßenes Eis
Zitronenlimonade

Nährwerte pro Glas: Eiweiß: 0 g, Fett: 0 g, Kohlenhydrate: 19 g, Kilojoule: 896, Kilokalorien: 214, BE: 2,0

1 Den Rand eines Cocktailglases zuerst in Zitronensaft, dann in Zucker tauchen. **2** Pisang Ambon, Rum und etwas zerstoßenes Eis in einem Rührglas gut verrühren. Den Drink durch ein Barsieb in das vorbereitete Cocktailglas abseihen und mit gekühlter Limonade auffüllen.

Green POISON (OHNE FOTO)

FÜR 1 GLAS

ZUBEREITUNGSZEIT
5 Minuten

ZUTATEN
4 cl Kokoslikör
2 cl Wodka
2 cl Blue Curaçao
2 cl Zitronensaft
10 cl Maracujanektar
einige Eiswürfel
1 Bio-Zitronenscheibe (unbehandelt, ungewachst)
1 Holzspieß (Schaschlikspieß)

Nährwerte pro Glas: Eiweiß: 0 g, Fett: 0 g, Kohlenhydrate: 31 g, Kilojoule: 1136, Kilokalorien: 271, BE: 2,5

1 Likör, Wodka, Curaçao, Saft, Nektar und einige Eiswürfel in einem Shaker kräftig schütteln. Den Drink durch ein Barsieb in ein zur Hälfte mit Eiswürfeln gefülltes Longdrinkglas abseihen. Zitronenscheibe auf den Holzspieß stecken und über den Glasrand legen.

KLASSIKER MAL ANDERS

Kumquats CAIPIRINHA

FÜR 1 GLAS ♥ **ZUBEREITUNGSZEIT** 5 Minuten	**ZUTATEN** 6 Kumquats (Zwergorangen)	½ Bio-Limette (unbehandelt, ungewachst)	2 TL brauner Zucker (Rohrzucker) 2 cl Lime Juice etwas crushed ice 5 cl Cachaça

Nährwerte pro Glas: Eiweiß: 1 g, Fett: 1 g, Kohlenhydrate: 30 g, Kilojoule: 1091, Kilokalorien: 260, BE: 2,5

1 Kumquats und Limette heiß abwaschen und abtrocknen. Die Kumquats halbieren. Die Limettenhälfte achteln. **2** Die Kumquathälften und Limettenachtel in einen Tumbler (Becherglas) geben. Den braunen Zucker und den Lime Juice hinzugeben und mit einem Stößel gut zerdrücken. **3** Anschließend das Glas mit crushed ice auffüllen. Cachaça darübergießen und alles gut verrühren.

♥
SUMMER DREAMING

CAIPIRINHA

FÜR 1 GLAS	ZUTATEN		
♥	1 Bio-Limette (unbehandelt, ungewachst)	2 cl Lime Juice 3 geh. TL brauner Zucker (Rohrzucker) etwas crushed ice	5 cl Cachaça
ZUBEREITUNGSZEIT 5 Minuten			

Nährwerte pro Glas: Eiweiß: 0 g, Fett: 1 g, Kohlenhydrate: 22 g, Kilojoule: 935, Kilokalorien: 223, BE: 2,0

1 Die Limette heiß abwaschen und abtrocknen. Von der Limette die Enden abschneiden. Limette achteln und anschließend in einen Tumbler (Becherglas) geben. **2** Lime Juice hinzufügen und mit dem braunen Zucker bestreuen. Dann alles mit einem Stößel gut zerdrücken.

3 Das Glas mit dem Eis auffüllen. Cachaça hinzugießen. Drink umrühren und servieren.

Tipps: Cachaça ist ein brasilianischer Zuckerrohrschnaps, der nicht wie Rum aus Melasse, sondern aus frischem Zuckerrohr hergestellt wird.

THE DUDE'S FAVORITE

White RUSSIAN (IM FOTO LINKS)

FÜR 1 GLAS

ZUBEREITUNGSZEIT
5 Minuten

ZUTATEN
4 cl Wodka
2 cl Kaffeelikör
einige Eiswürfel
etwas leicht geschlagene Schlagsahne

Nährwerte pro Glas: Eiweiß: 1 g, Fett: 16 g, Kohlenhydrate: 8 g, Kilojoule: 1270, Kilokalorien: 303, BE: 0,5

1 Wodka, Kaffeelikör und einige Eiswürfel in einem Rührglas gut verrühren. Den Drink durch ein Barsieb in ein kleines, gekühltes Glas abseihen. **2** Die Sahne vorsichtig auf den Drink geben.

Tipps: Der White Russian schmeckt statt mit leicht geschlagener Sahne auch mit geschäumter frischer Milch. Für einen **Black Russian** die Sahne einfach weglassen.

Smoky MARTINI (IM FOTO RECHTS)

FÜR 1 GLAS

ZUBEREITUNGSZEIT
5 Minuten

ZUTATEN
4 cl Gin
1 cl Vermouth Dry
1 cl rauchiger Malt Whisky
einige Eiswürfel
1 Olive

Nährwerte pro Glas: Eiweiß: 0 g, Fett: 1 g, Kohlenhydrate: 1 g, Kilojoule: 626, Kilokalorien: 149, BE: 0,0

1 Gin mit Vermouth Dry und Whisky in ein mit Eiswürfeln gefülltes Rührglas geben und schnell kalt rühren. **2** Den Drink durch ein Barsieb in ein Martiniglas abseihen. Die Olive in den Drink geben.

SÜSS & SANFT

BARRAQUITO

(IM FOTO LINKS)

FÜR 1 GLAS

ZUBEREITUNGSZEIT
5 Minuten

ZUTATEN
1 cl gesüßte Kondensmilch
2 cl LICOR 43
1 Stück Bio-Zitronenzeste (unbehandelt, ungewachst)
4 cl heißer starker Espresso
etwas Milchschaum
etwas Zimt zum Bestäuben

Nährwerte pro Glas: Eiweiß: 1 g, Fett: 1 g, Kohlenhydrate: 12 g, Kilojoule: 461, Kilokalorien: 110, BE: 1,0

1 Die Kondensmilch in ein schmales, hohes Glas geben. Den Likör vorsichtig daraufgießen, sodass sich die Schichten nicht vermischen. Abgespültes, trocken getupftes Stück Zitronenzeste daraufgeben.

2 Den heißen Espresso über einen Teelöffelrücken vorsichtig in das Glas laufen lassen. Den Milchschaum mit einem Löffel daraufschichten und mit etwas Zimt bestäuben.

PASSION FRUIT MILK 43

(IM FOTO RECHTS)

FÜR 1 GLAS

ZUBEREITUNGSZEIT
2 Minuten

ZUTATEN
4 cl Milch
2 cl LICOR 43
2 cl Maracujanektar
einige Eiswürfel

Nährwerte pro Glas: Eiweiß: 1 g, Fett: 1 g, Kohlenhydrate: 10 g, Kilojoule: 443, Kilokalorien: 106, BE: 1,0

1 Milch, Likör und Nektar in ein zur Hälfte mit Eiswürfeln gefülltes Longdrinkglas gießen, kurz umrühren und servieren.

Tipp: Sie können den Maracujanektar durch Mangonektar ersetzen. Für eine **Milk 43** lassen Sie den Nektar einfach weg.

2

HERRLICH FRUCHTIG

WODKA-CRANBERRY (IM FOTO RECHTS)

FÜR 1 GLAS	**ZUTATEN**	NACH BELIEBEN:
ZUBEREITUNGSZEIT	einige Eiswürfel	3–4 Cranberrys
5 Minuten	4 cl Wodka	1 Holzspießchen (Schaschlikspieß)
	12 cl Cranberry-Saft	

Nährwerte pro Glas: Eiweiß: 0 g, Fett: 0 g, Kohlenhydrate: 9 g, Kilojoule: 555, Kilokalorien: 132, BE: 1,0

1 Ein Longdrinkglas zur Hälfte mit Eiswürfeln füllen. Wodka und Saft dazugeben und gut umrühren. **2** Nach Belieben die Cranberrys auf das Holzspießchen stecken und den Drink damit garnieren.

Tipp: Dieser Drink schmeckt auch mit anderen Säften, z. B. mit Orangen- oder Kirschsaft.

WODKA-LEMON (IM FOTO LINKS)

FÜR 1 GLAS	**ZUTATEN**	NACH BELIEBEN:
ZUBEREITUNGSZEIT	einige Eiswürfel	1 Scheibe von 1 Bio-Zitrone (unbehandelt, ungewachst)
5 Minuten	4 cl Wodka	
	2 cl Zitronensaft	
	8–10 cl Bitter Lemon	

Nährwerte pro Glas: Eiweiß: 0 g, Fett: 0 g, Kohlenhydrate: 11 g, Kilojoule: 601, Kilokalorien: 143, BE: 1,0

1 Ein Longdrinkglas zur Hälfte mit Eiswürfeln füllen. Wodka und Zitronensaft dazugeben und gut umrühren. Anschließend Bitter Lemon hinzugießen. Nach Belieben die Zitronenscheibe vierteln und in den Drink geben.

Tipp: Anstelle von Bitter Lemon können Sie auch Tonic Water, Zitronen- oder Orangenlimonade oder auch Eistee verwenden.

0 %
Alkohol

Virgin HUGO

FÜR 1 GLAS ♥ **ZUBEREITUNGSZEIT** 5 Minuten	**ZUTATEN** ½ Bio-Limette (unbehandelt, ungewachst)	einige Eiswürfel oder crushed ice 3 EL Holunderblütensirup 1 TL Zitronensaft	3–4 Minzeblättchen 100 ml Mineralwasser mit Kohlensäure 50 ml Ginger Ale

Nährwerte pro Glas: Eiweiß: 0 g, Fett: 1 g, Kohlenhydrate: 69 g, Kilojoule: 1244, Kilokalorien: 297, BE: 6,0

1 Limettenhälfte heiß abwaschen, abtrocknen, in Stücke oder Scheiben schneiden und in ein Longdrinkglas geben. Eiswürfel oder crushed ice hinzufügen. **2** Den Holunderblütensirup in einem Becher mit dem Zitronensaft gut vermischen, anschließend in das Glas gießen. Abgespülte, trocken getupfte Minze hinzugeben. Alles mit Mineralwasser und Ginger Ale auffüllen.

Tipp: Für einen „echten" **Hugo** nur 50 ml Mineralwasser verwenden und 50 ml Ginger Ale durch 100 ml Prosecco oder Sekt ersetzen.

PIÑA COLADA

(OHNE FOTO)

FÜR 1 GLAS ♥ **ZUBEREITUNGSZEIT** 5 Minuten	**ZUTATEN** 4 cl weißer Rum 8 cl Ananassaft 2 cl Cream of Coconut	4 cl Schlagsahne, flüssig etwas crushed ice 1 Stück frische Ananas

Nährwerte pro Glas: Eiweiß: 1 g, Fett: 13 g, Kohlenhydrate: 20 g, Kilojoule: 1383, Kilokalorien: 330, BE: 1,5

1 Rum, Saft, Cream of Coconut und Sahne in einem Standmixer gut durchmixen. Den Drink in ein mit crushed ice gefülltes Cocktailglas gießen, mit frischer Ananas garnieren.

Tipp: Für eine **Virigin Piña Colada** können Sie den Rum ganz einfach durch Havana Bar Sirup ersetzen. Statt Cream of Coconut nach Belieben Kokossirup verwenden.

KLASSIKER

MARGARITA

FÜR 1 GLAS	**ZUTATEN**	3 cl Tequila	1 Bio-Zitronenscheibe
♥	etwas Zitronensaft	1 cl Orangenlikör	(unbehandelt,
ZUBEREITUNGSZEIT	etwas Salz oder Zucker	2 cl Zitronensaft	ungewachst)
5 Minuten		einige Eiswürfel	

Nährwerte pro Glas: Eiweiß: 0 g, Fett: 0 g, Kohlenhydrate: 9 g, Kilojoule: 557, Kilokalorien: 134, BE: 1,0

1 Den Rand einer gut gekühlten Cocktailschale zuerst in Zitronensaft, dann in Salz oder Zucker tauchen. **2** Tequila, Likör, Zitronensaft und Eiswürfel in einem Shaker kräftig schütteln. **3** Den Drink durch ein Barsieb in die Cocktailschale abseihen und mit der Zitronenscheibe garnieren.

MARTINI DRY (OHNE FOTO)

FÜR 1 GLAS	**ZUTATEN**	1 grüne Olive, ohne Stein
♥	5 cl Gin	
ZUBEREITUNGSZEIT	1 cl Vermouth Dry	
5 Minuten	einige Eiswürfel	

Nährwerte pro Glas: Eiweiß: 0 g, Fett: 1 g, Kohlenhydrate: 1 g, Kilojoule: 633, Kilokalorien: 151, BE: 0,0

1 Gin, Vermouth Dry und einige Eiswürfel in einem Rührglas gut verrühren. Den Drink durch ein Barsieb in ein gekühltes, kleines Cocktailglas abseihen. Die Olive hinzugeben.

Tipps: Für den Cocktail unbedingt einen gekühlten Gin nehmen. Als Wermut ist der Noilly Prat ideal, auf keinen Fall einen Bianco nehmen. Den Cocktail mit Zitronenschale abspritzen.

IN THE SUMMERTIME ...

Frozen DAIQUIRI

FÜR 1 GLAS

ZUBEREITUNGSZEIT
5 Minuten

ZUTATEN
6 cl weißer Rum
1 cl Limettensaft
2 cl Zuckersirup
etwas crushed ice
etwas Bio-Limettenschale (unbehandelt, ungewachst)

Nährwerte pro Glas: Eiweiß: 0 g, Fett: 1 g, Kohlenhydrate: 17 g, Kilojoule: 920, Kilokalorien: 220, BE: 1,5

1 Den Rum mit Limettensaft, Zuckersirup und crushed ice in einen Standmixer geben. Anschließend die Zutaten auf höchster Stufe durchmixen. **2** Den Drink in ein gut gekühltes Glas gießen und mit der Limettenschale garnieren. Den Frozen Daiquiri sofort servieren.

Frozen STRAWBERRY DAIQUIRI (OHNE FOTO)

FÜR 1 GLAS

ZUBEREITUNGSZEIT
5–10 Minuten

ZUTATEN
6 Erdbeeren
5 cl weißer Rum
Saft von ½ Limette
1 TL Zuckersirup
etwas grob zerstoßenes Eis oder crushed ice

Nährwerte pro Glas: Eiweiß: 1 g, Fett: 0 g, Kohlenhydrate: 16 g, Kilojoule: 710, Kilokalorien: 170, BE: 1,5

1 Die Erdbeeren putzen, abspülen, trocken tupfen und entstielen. Nach Belieben 1 Erdbeere mit Grün zum Garnieren beiseitelegen. Restliche Erdbeeren mit Rum, Limettensaft, Sirup und dem Eis in einen hohen Rührbecher geben und mit einem Pürierstab gut pürieren. **2** Den Drink in ein gut gekühltes Glas gießen. Den Glasrand nach Belieben mit der beiseitegelegten Erdbeere garnieren.

0 % Alkohol

IPANEMA

(IM FOTO LINKS)

FÜR 1 GLAS

ZUBEREITUNGSZEIT
5 Minuten

ZUTATEN
1 Bio-Limette (unbehandelt, ungewachst)
2 cl Lime Juice
2 TL brauner Zucker (Rohrzucker)
grob zerstoßenes Eis
Ginger Ale

etwas frische Minzeblättchen

Nährwerte pro Glas: Eiweiß: 0 g, Fett: 1 g, Kohlenhydrate: 31 g, Kilojoule: 625, Kilokalorien: 150, BE: 2,5

1 Die Limette heiß abwaschen, abtrocknen und in Achtel schneiden. Limettenachtel mit Lime Juice in ein Glas geben. **2** Die Limettenachtel mit einem Stößel zerdrücken, dann den braunen Zucker darüberstreuen. **3** Anschließend das Eis hinzugeben und das Glas mit Ginger Ale auffüllen. Den Drink umrühren und mit abgespülter, trocken getupfter Minze garnieren.

0 % Alkohol

TIZIANO

(IM FOTO RECHTS)

FÜR 1 GLAS

ZUBEREITUNGSZEIT
5 Minuten

ZUTATEN
10 cl kalter roter Traubensaft
einige Eiswürfel
10 cl kalter alkoholfreier Sekt

NACH BELIEBEN:
einige rote Weintrauben
1 Holzspieß (Schaschlikspieß)

Nährwerte pro Glas: Eiweiß: 0 g, Fett: 0 g, Kohlenhydrate: 21 g, Kilojoule: 387, Kilokalorien: 92, BE: 2,0

1 Den Traubensaft in ein zur Hälfte mit Eiswürfeln gefülltes Longdrinkglas geben. Anschließend den Sekt hinzugießen. **2** Nach Belieben die Weintrauben abspülen, abtropfen lassen und dann auf das Holzspießchen stecken. Das Glas mit den Trauben garnieren.

FILMREIF

SCARLETT O'HARA

FÜR 1 GLAS	**ZUTATEN**	5 cl Cranberry-Saft	1 Physalis
ZUBEREITUNGSZEIT	4 cl Whiskey	einige Eiswürfel	(Kapstachelbeere)
5 Minuten	1 cl Limettensaft	5 cl Ginger Ale	

Nährwerte pro Glas: Eiweiß: 0 g, Fett: 0 g, Kohlenhydrate: 9 g, Kilojoule: 583, Kilokalorien: 139, BE: 1,0

1 Whiskey mit Säften und Eiswürfeln in einem Longdrinkglas verrühren. Ginger Ale hinzugießen und nochmals vorsichtig umrühren. **2** Die Physalis abspülen, trocken tupfen und am unteren Ende leicht einschneiden. Physalis als Garnierung auf den Glasrand stecken.

SEX ON THE BEACH

(OHNE FOTO)

FÜR 1 GLAS	**ZUTATEN**	4 cl Orangensaft	1 Scheibe von 1 Bio-Orange (unbehandelt, ungewachst)
ZUBEREITUNGSZEIT	4 cl Wodka	2 cl Ananassaft	
5–10 Minuten	2 cl Pfirsichlikör	einige Eiswürfel	
	2 cl Grenadinesirup		

Nährwerte pro Glas: Eiweiß: 0 g, Fett: 0 g, Kohlenhydrate: 28 g, Kilojoule: 1011, Kilokalorien: 241, BE: 2,5

1 Wodka, Likör, Grenadine und Säfte mit einigen Eiswürfeln in einen Shaker geben. Die Zutaten gut schütteln. **2** Den Drink anschließend durch ein Barsieb in ein zur Hälfte mit Eiswürfeln gefülltes Longdrinkglas abseihen. **3** Den Drink mit der Orangenscheibe garnieren.

ERFRISCHEND

TROPICAL DRINK

(IM FOTO LINKS)

FÜR 1 GLAS

ZUBEREITUNGSZEIT
5 Minuten

ZUTATEN
50 ml Ananassaft
50 ml Maracujasaft
50 ml Mangosaft
50 ml Pink-Grapefruitsaft
8 cl weißer Rum
einige Eiswürfel
evtl. Orangenspalten
einige Zitronenmelisse-blättchen

Nährwerte pro Glas: Eiweiß: 1 g, Fett: 0 g, Kohlenhydrate: 21 g, Kilojoule: 1292, Kilokalorien: 309, BE: 2,0

1 Ananassaft, Maracujasaft, Mango- und Grapefruitsaft mit dem Rum in einem Rührbecher gut vermischen, dann in ein mit Eiswürfeln gefülltes Glas gießen. **2** Den Drink nach Belieben mit einigen Orangenspalten und abgespülten, trocken getupften Zitronenmelisseblättchen garnieren.

0 %
Alkohol

MANGO LADY

(IM FOTO RECHTS, TITELREZEPT)

FÜR 1 GLAS
♥

ZUBEREITUNGSZEIT
5 Minuten

ZUTATEN
2 cl Mangosirup
8 cl Orangensaft
einige Eiswürfel
10 cl kaltes Bitter Lemon

NACH BELIEBEN:
etwas frische Mango

Nährwerte pro Glas: Eiweiß: 1 g, Fett: 0 g, Kohlenhydrate: 32 g, Kilojoule: 585, Kilokalorien: 139, BE: 2,5

1 Sirup und Saft in ein zur Hälfte mit Eiswürfeln gefülltes Longdrinkglas geben und gut verrühren.

2 Bitter Lemon hinzugießen und den Drink nach Belieben mit frischer Mango garnieren.

0%
Alkohol

WALDFREUDE

FÜR 1 GLAS
♥

ZUBEREITUNGSZEIT
10 Minuten

ZUTATEN
75 g Waldbeeren (z. B. Erdbeeren, Himbeeren, Brombeeren)
einige Eiswürfel
15 cl fermentierter Kräutertee (Kombucha)

NACH BELIEBEN:
frische Minze
Erdbeere mit Grün

Nährwerte pro Glas: Eiweiß: 1 g, Fett: 0 g, Kohlenhydrate: 11 g, Kilojoule: 228, Kilokalorien: 54, BE: 1,0

1 Die Waldbeeren verlesen, abspülen, abtropfen lassen und mit einem Pürierstab pürieren. Anschließend das Beerenpüree in ein Longdrinkglas geben, Eiswürfel hinzugeben und mit dem Kräutertee auffüllen. **2** Den Drink vorsichtig umrühren. Nach Belieben die Erdbeere abspülen und trocken tupfen. Den Glasrand mit der Minze und der Erdbeere garnieren.

0%
Alkohol

ROTKÄPPCHEN

(OHNE FOTO)

FÜR 4 GLÄSER
♥♥♥♥

ZUBEREITUNGSZEIT
10 Minuten, ohne Zieh- und Kühlzeit

ZUTATEN
5–6 TL loser Hagebuttentee
1 l Wasser
100 ml ungesüßter Erdbeersaft
2–3 EL milder, flüssiger Honig
einige Eiswürfel

Nährwerte pro Glas: Eiweiß: 0 g, Fett: 0 g, Kohlenhydrate: 11 g, Kilojoule: 204, Kilokalorien: 50, BE: 1,0

1 Den Hagebuttentee nach Packungsanleitung mit kochendem Wasser aufgießen und etwa 5 Minuten ziehen lassen. Anschließend durch ein Sieb abseihen, abkühlen lassen und in den Kühlschrank stellen. **2** Den kalten Hagebuttentee mit Erdbeersaft und Honig verrühren. Jeweils einige Eiswürfel in 4 Longdrinkgläsern verteilen und den Drink dazugießen.

SOMMER IM GLAS

Aperol SPRITZ (IM FOTO RECHTS)

FÜR 1 GLAS

ZUBEREITUNGSZEIT
3 Minuten

ZUTATEN
einige Eiswürfel
6 cl Prosecco oder trockener Weißwein
4 cl Aperol
2 cl Sodawasser
1 Scheibe von 1 Bio-Orange (unbehandelt, ungewachst)

Nährwerte pro Glas: Eiweiß: 0 g, Fett: 0 g, Kohlenhydrate: 16 g, Kilojoule: 650, Kilokalorien: 155, BE: 1,5

1 Einige Eiswürfel in ein Longdrinkglas geben. Erst den Prosecco oder Weißwein, dann den Aperol und zuletzt das Sodawasser hinzugießen. Die Zutaten nicht verrühren. **2** Die abgespülte und trocken getupfte Orangenscheibe halbieren und in den Drink geben.

Aperol SOUR (IM FOTO LINKS)

FÜR 1 GLAS

ZUBEREITUNGSZEIT
3–5 Minuten

ZUTATEN
5 cl Aperol
4 cl Zitronensaft
2 cl Zuckersirup
4 cl Orangensaft
einige Eiswürfel

NACH BELIEBEN:
1 Scheibe von 1 Bio-Orange (unbehandelt, ungewachst)
1 Cocktailkirsche
1 Holzspieß (Schaschlikspieß)

Nährwerte pro Glas: Eiweiß: 1 g, Fett: 0 g, Kohlenhydrate: 35 g, Kilojoule: 894, Kilokalorien: 213, BE: 3,0

1 Die Zutaten für den Drink mit einigen Eiswürfeln in einem Shaker kräftig schütteln. **2** Nach Belieben die Orangenscheibe mit der Cocktailkirsche auf das Holzspießchen stecken. Einige Eiswürfel und das Spießchen in einen Tumbler geben. Den Drink durch ein Barsieb in das vorbereitete Glas abseihen.

LADIES LOVE IT

COSMOPOLITAN

FÜR 1 GLAS

ZUBEREITUNGSZEIT
5 Minuten

ZUTATEN
4 cl Citrus Flavoured Vodka
2 cl Orangenlikör
1 cl Preiselbeersirup
4 cl Preiselbeersaft
einige Eiswürfel
1 Stück und 1 Scheibe Bio-Limette (unbehandelt, ungewachst)

Nährwerte pro Glas: Eiweiß: 0 g, Fett: 0 g, Kohlenhydrate: 16 g, Kilojoule: 835, Kilokalorien: 199, BE: 1,5

1 Citrus Flavoured Vodka, Orangenlikör, Preiselbeersirup, 2 cl Preiselbeersaft und Eiswürfel in einem Shaker kräftig schütteln. Den Drink durch ein Barsieb in eine vorgekühlte Cocktailschale abseihen. **2** Restlichen Preiselbeersaft hinzugießen, sodass der Saft auf den Boden der Schale sinkt. Den Drink mit dem vorbereiteten Limettenstück abspritzen und mit der Limettenscheibe garnieren.

MEXICAN SNOWBALL (OHNE FOTO)

FÜR 1 GLAS

ZUBEREITUNGSZEIT
5 Minuten

ZUTATEN
2 cl Tequila
2 cl Kaffeelikör
1 cl Schlagsahne, flüssig
1 cl Cream of Coconut oder Kokossirup
einige Eiswürfel
etwas Raspelschokolade
1 Physalis (Kapstachelbeere)

Nährwerte pro Glas: Eiweiß: 1 g, Fett: 5 g, Kohlenhydrate: 18 g, Kilojoule: 829, Kilokalorien: 199, BE: 1,5

1 Tequila, Likör, Sahne, Cream of Coconut oder Kokossirup und Eiswürfel in einem Standmixer gut durchmixen. **2** Den Drink durch ein Barsieb in ein gut gekühltes Cocktailglas abseihen. **3** Mexican Snowball mit Schokolade bestreuen und mit der abgespülten, trocken getupften Physalis garnieren.

SWEET & BLUE

SWIMMING POOL

FÜR 1 GLAS

ZUBEREITUNGSZEIT
5–10 Minuten

ZUTATEN
3 cl Wodka
4 cl Kokoslikör
1 cl Blue Curaçao
2 cl Schlagsahne, flüssig
10 cl Ananassaft
einige Eiswürfel
evtl. 1 Ananasstück (frisch oder aus der Dose)

Nährwerte pro Glas: Eiweiß: 1 g, Fett: 6 g, Kohlenhydrate: 25 g, Kilojoule: 1273, Kilokalorien: 303, BE: 2,0

1 Wodka mit Likör, Curaçao, Sahne, Ananassaft und Eiswürfeln in einem Shaker kräftig schütteln.
2 Den Drink durch ein Barsieb in ein zur Hälfte mit Eiswürfeln gefülltes Longdrinkglas abseihen, nach Belieben mit dem Ananasstück garnieren.

Tipp: Shaken Sie den Blue Curaçao nicht mit und gießen Sie ihn erst auf den fertigen Drink. So vermischt er sich langsam mit den restlichen Zutaten.

0 % Alkohol

KORALLENRIFF (OHNE FOTO)

FÜR 1 GLAS

ZUBEREITUNGSZEIT
5–10 Minuten

ZUTATEN
2 cl Blue Curaçao Sirup
2 cl Grapefruitsaft
8 cl Ananassaft
6 cl Maracujanektar
einige Eiswürfel
evtl. 1 Ananasstück,
1 Holzspieß (Schaschlikspieß)

Nährwerte pro Glas: Eiweiß: 1 g, Fett: 0 g, Kohlenhydrate: 24 g, Kilojoule: 445, Kilokalorien: 106, BE: 2,0

1 Sirup, Grapefruit-, Ananassaft, Maracujanektar und Eiswürfel in einem Shaker kräftig schütteln. Den Drink durch ein Barsieb in ein zur Hälfte mit Eiswürfeln gefülltes Longdrinkglas abseihen. **2** Nach Belieben ein Ananasstück auf ein Holzstäbchen stecken. Das Getränk damit garnieren.

Tipp: Blue Curaçao Sirup ist die alkoholfreie Variante des Likörs Blue Curaçao. Nach Belieben können Sie die alkoholfreie Variante durch den Likör ersetzen.

EIN KLASSIKER

JÄGERMEISTER-O

(IM FOTO RECHTS)

FÜR 1 GLAS

ZUBEREITUNGSZEIT
3 Minuten

ZUTATEN
4 cl Jägermeister
12 cl Orangensaft
einige Eiswürfel
1 Scheibe von 1 Bio-Orange (unbehandelt, ungewachst)
1 Holzspieß (Schaschlikspieß)

Nährwerte pro Glas: Eiweiß: 1 g, Fett: 0 g, Kohlenhydrate: 15 g, Kilojoule: 636, Kilokalorien: 152, BE: 1,5

1 Jägermeister und Orangensaft in ein zur Hälfte mit Eiswürfeln gefülltes Longdrinkglas gießen, umrühren. **2** Die Orangenscheibe auf das Spießchen stecken. Den Drink damit garnieren.

Tipps: Verfeinern Sie Ihren Drink nach Belieben mit 1–2 cl Grenadine, dann nur 10–11 cl Orangensaft verwenden. Für einen **Jägermeister Cola** den Orangensaft durch Cola ersetzen.

JÄGERMEISTER ENERGY

(IM FOTO LINKS)

FÜR 1 GLAS

ZUBEREITUNGSZEIT
2–3 Minuten

ZUTATEN
einige Eiswürfel
3 cl Jägermeister
2 cl Zitronensaft
etwa 200 ml Energy-Drink
1 Scheibe von 1 Bio-Zitrone (unbehandelt, ungewachst)

Nährwerte pro Glas: Eiweiß: 0 g, Fett: 0 g, Kohlenhydrate: 26 g, Kilojoule: 712, Kilokalorien: 170, BE: 2,0

1 Ein Longdrinkglas zur Hälfte mit Eiswürfeln füllen. Jägermeister und Zitronensaft dazugeben und gut umrühren. **2** Den Energy-Drink hinzugießen. Nach Belieben den Drink anschließend mit einer Zitronenscheibe garnieren.

Tipp: Sie können den Zitronensaft auch einfach weglassen.

♥ LIEBLINGSDRINK-POTENZIAL

LONG ISLAND ICE TEA (IM FOTO RECHTS)

FÜR 1 GLAS
♥
ZUBEREITUNGSZEIT
5 Minuten

ZUTATEN
einige Eiswürfel
2 cl Wodka
2 cl weißer Rum
2 cl Tequila
2 cl Gin
2 cl Curaçao Triple Sec
3 cl Limetten- oder Zitronensaft
kalte Cola
1 Physalis (Kapstachelbeere)

Nährwerte pro Glas: Eiweiß: 0 g, Fett: 0 g, Kohlenhydrate: 23 g, Kilojoule: 1411, Kilokalorien: 336, BE: 2,0

1 Ein Longdrinkglas zur Hälfte mit Eiswürfeln füllen. Wodka, Rum, Tequila, Gin, Curaçao und Limetten- oder Zitronensaft darübergießen. **2** Das Glas mit Cola auffüllen. Den Drink leicht umrühren und mit der Physalis garnieren.

Tipp: Curaçao Triple Sec gibt es sowohl als klare Variante als auch in verschiedenen Farben.

JASMINTEA VODKA (IM FOTO LINKS)

FÜR 1 GLAS
♥
ZUBEREITUNGSZEIT
10 Minuten, ohne Zieh- und Abkühlzeit

ZUTATEN
2 TL loser Jasmintee
5 cl kochendes Wasser
5 cl Wodka

AUSSERDEM:
1 Olive

Nährwerte pro Glas: Eiweiß: 0 g, Fett: 1 g, Kohlenhydrate: 0 g, Kilojoule: 520, Kilokalorien: 124, BE: 0,0

1 Den Tee mit dem Wasser angießen, 5–6 Minuten ziehen lassen, dann durch ein Sieb abseihen, um etwa die Hälfte einkochen und dann abkühlen lassen. **2** Vom kalten Teesud 2 cl abmessen. Wodka und Teesud in einem mit Eiswürfeln gefüllten Rührglas schnell kalt rühren. Die Zutaten durch ein Barsieb in ein Cocktailglas abseihen und die Olive hineingeben.

Tipp: Anstelle der Olive können Sie ein Stück abgespülte, trocken getupfte Bio-Zitronenschale (unbehandelt, ungewachst) verwenden.

Smoothies, SHAKES & LASSIS

Spinat, Grünkohl und Rote Bete
sind so gesund!
Und Himbeeren, Weintrauben
oder Mango
süße Bestandteile der Ernährung.
Vitamine lassen sich auch
hervorragend trinken.

LEICHT SCHARF

BEEREN-NUSS-Smoothie (IM FOTO RECHTS)

FÜR 2 GLÄSER
♥♥

ZUBEREITUNGSZEIT
10 Minuten

ZUTATEN
300 g Brombeeren
100 ml Ananassaft
300 g Buttermilch
2 EL Cashewmus
Cayennepfeffer
4 EL Ahornsirup
einige Zitronenmelisse-blättchen

Nährwerte pro Glas: Eiweiß: 12 g, Fett: 15 g, Kohlenhydrate: 54 g, Kilojoule: 1720, Kilokalorien: 410, BE: 4,5

1 Brombeeren abspülen, gut trocken tupfen. Einige Beeren beiseitelegen. Restliche Beeren mit Ananassaft und Buttermilch in einem Standmixer cremig pürieren. Den Smoothie mit Cashewmus, Cayennepfeffer und Ahornsirup abschmecken.
2 Smoothie mit abgespülten, trocken getupften Zitronenmelisseblättchen und den beiseitegelgten Brombeeren garnieren.

HIMBEER-SHARON-Smoothie (IM FOTO LINKS)

FÜR 2 GLÄSER
♥♥

ZUBEREITUNGSZEIT
5 Minuten

ZUTATEN
1 Sharonfrucht
200 g TK-Himbeeren
50 g goldbraun geröstete, gehobelte Mandeln
100 g Seidentofu
100 ml Wasser
Bourbon-Vanille aus der Mühle
evtl. etwas Reissirup

Nährwerte pro Glas: Eiweiß: 9 g, Fett: 15 g, Kohlenhydrate: 14 g, Kilojoule: 1057, Kilokalorien: 252, BE: 1,0

1 Sharonfrucht abspülen, abtrocknen, schälen und den Blütenansatz entfernen. Sharonfrucht in Stücke schneiden, mit gefrorenen Himbeeren, Mandeln, Tofu und Wasser in einem Standmixer cremig pürieren. Smoothie mit Vanille und nach Belieben etwas Reissirup abschmecken.

Tipp: Die orangefarbene Sharonfrucht ist eine Zuchtform der Kaki. Sie hat ein festeres Fruchtfleisch, das auch milder als das der Kaki schmeckt. Man kann die Früchte mit Schale essen. Sehr weiche Früchte einfach halbieren und das Fruchtfleisch mit einem Löffel auskratzen.

MIT MATCHATEE

THAI-SALAT-*Smoothie* (IM FOTO HINTEN)

FÜR 2 GLÄSER
♥♥

ZUBEREITUNGSZEIT
10 Minuten

ZUTATEN
1 kleines Kopfsalat-Herz
4 Stängel Rucola (Rauke)
1 Avocado
Saft von ½ Limette
100 g Joghurt (3,5 % Fett)
200 ml Wasser
2 Stängel Thai-Basilikum
1 Kiwi
3 gestr. TL Matachatee-Pulver
3 EL Apfeldicksaft

Nährwerte pro Glas: Eiweiß: 6 g, Fett: 25 g, Kohlenhydrate: 29 g, Kilojoule: 1665, Kilokalorien: 398, BE: 2,5

1 Salate abspülen, abtropfen lassen und grob zupfen. Avocado halbieren, entsteinen. Das Fruchtfleisch aus der Schale lösen, mit Limettensaft, Salaten, Joghurt und Wasser in einem Standmixer fein pürieren. **2** Basilikum abspülen, trocken tupfen und die Blättchen von den Stängeln zupfen. Kiwi schälen, halbieren, mit Basilikum und Matchatee untermixen, dann mit Apfeldicksaft abschmecken.

GREEN GARDEN

(IM FOTO VORN)

FÜR 2 GLÄSER
♥♥

ZUBEREITUNGSZEIT
15 Minuten

ZUTATEN
½ Bund Kerbel
1 Handvoll Brunnenkresse
2 Spitzen junge Brennnessel
2 Blätter Sauerampfer
¼ Zitrone
1 Banane
1 Apfel oder Birne (Bio)
300 ml Wasser
evtl. crushed ice

Nährwerte pro Glas: Eiweiß: 1 g, Fett: 0 g, Kohlenhydrate: 19 g, Kilojoule: 386, Kilokalorien: 92, BE: 1,5

1 Kerbel, Brunnenkresse, Brennnessel und Sauerampfer abspülen, trocken tupfen und grob schneiden. Zitrone und Banane schälen. **2** Apfel oder Birne abspülen, Stiel und Blütenansatz entfernen. Apfel oder Birne (mit Kerngehäuse), Zitrone und Banane in grobe Stücke schneiden. Die Zutaten mit dem Wasser in einem Standmixer fein pürieren. Nach Belieben auf crushed ice servieren.

VEGAN

„LASSI" ERDBEER-MANGO

(IM FOTO LINKS)

FÜR 2 GLÄSER ♥♥	**ZUTATEN**	2 Stängel Zitronenverbene oder Zitronenmelisse
ZUBEREITUNGSZEIT 10 Minuten	200 g Erdbeeren 1 reife Mango 200 ml Mandeldrink	etwas Stevia-Streusüße

Nährwerte pro Glas: Eiweiß: 3 g, Fett: 4 g, Kohlenhydrate: 28 g, Kilojoule: 741, Kilokalorien: 177, BE: 2,5

1 Erdbeeren putzen, abspülen, gut abtropfen lassen und entstielen. Mango schälen, das Fruchtfleisch vom Stein schneiden und klein schneiden.
2 Erdbeeren, Mango und Mandeldrink in einem Standmixer cremig pürieren. **3** Kräuterstängel abspülen, trocken tupfen und 2 Spitzen beiseitelegen. Restliche Blättchen von den Stängeln zupfen, in den Mixer geben und untermixen. „Lassi" mit Stevia abschmecken und mit Zitronenverbene oder Zitronenmelisse garnieren.

♥
MIT ROSENWASSER

1001-NACHT-LASSI (IM FOTO RECHTS)

FÜR 2 GLÄSER
♥♥

ZUBEREITUNGSZEIT
5 Minuten

ZUTATEN
50 g geröstete Pistazienkerne
4 getrocknete Datteln
1–2 grüne Kardamomkapseln
300 g Joghurt (3,5 % Fett)
200 ml Mineralwasser mit Kohlensäure
einige Tropfen Rosenwasser
2 EL flüssiger Honig
6 Eiswürfel

evtl. Rosenblätter (ungespritzt) und Minzeblättchen

Nährwerte pro Glas: Eiweiß: 11 g, Fett: 20 g, Kohlenhydrate: 35 g, Kilojoule: 1547, Kilokalorien: 369, BE: 3,0

1 Die Pistazien mit den Datteln grob hacken. Kardamomsamen aus den Kapseln lösen. Alles mit Joghurt und Mineralwasser in einem Mixer mixen, mit Rosenwasser und Honig abschmecken. Lassi in mit Eiswürfeln gefüllte Gläser gießen, mit vorbereiteten Rosenblättern und Minze garnieren.

VEGAN

ORANGEN-BANANEN-COCKTAIL

(IM FOTO HINTEN)

FÜR 1 GLAS

ZUBEREITUNGSZEIT
5 Minuten

ZUTATEN
1 kleine Banane
(etwa 100 g Fruchtfleisch)
1 Kiwi (etwa 50 g)
150 ml frisch gepresster
Orangensaft
evtl. 1–2 Eiswürfel

Nährwerte pro Glas: Eiweiß: 3 g, Fett: 1 g, Kohlenhydrate: 37 g, Kilojoule: 749, Kilokalorien: 179, BE: 3,0

1 Banane und Kiwi schälen, beides in kleine Stücke schneiden. Bananen- und Kiwistücke mit dem Orangensaft in einem Rührbecher so lange pürieren, bis ein farblich einheitlicher Drink entsteht. **2** Nach Belieben die Eiswürfel in ein Glas geben und mit dem Drink auffüllen.

Tipp: Richtig satt macht der Orangen-Bananen-Cocktail, wenn Sie 2–3 Esslöffel Schmelzflocken unter den fertigen Drink rühren. Statt Orangen- schmeckt auch Grapefruit- oder Blutorangensaft.

ERDBEER-MANDEL-Smoothie

(IM FOTO RECHTS)

FÜR 1 GLAS

ZUBEREITUNGSZEIT
5 Minuten

ZUTATEN
150 g Erdbeeren
200 ml kalter Mandeldrink
1 TL Voll-Rohrzucker
1 EL Zitronensaft
gem. Zimt

Nährwerte pro Glas: Eiweiß: 3 g, Fett: 5 g, Kohlenhydrate: 24 g, Kilojoule: 671, Kilokalorien: 160, BE: 2,0

1 Die Erdbeeren putzen, abspülen, gut abtropfen lassen und entstielen. **2** Den Mandeldrink mit Zucker, Zitronensaft, etwas Zimt und den Erdbeeren in einen Rührbecher geben und alles kurz pürieren. Smoothie in ein Glas gießen.

*(Das Rezept für den **Petersilien-Soja-Smoothie** – im Foto vorn – finden Sie auf Seite 58.)*

VEGAN

MANGO-REIS-*Smoothie*

FÜR 2 GLÄSER
♥♥
ZUBEREITUNGSZEIT
10 Minuten

ZUTATEN
1 Banane
150 g Mango-Fruchtfleisch
200 ml kalter Reisdrink
1–2 EL Zitronensaft

Nährwerte pro Glas: Eiweiß: 1 g, Fett: 1 g, Kohlenhydrate: 29 g, Kilojoule: 582, Kilokalorien: 139, BE: 2,5

1 Banane schälen und in Scheiben schneiden. Mango-Fruchtfleisch vom Stein schneiden, schälen und das Fruchtfleisch in Stücke schneiden. **2** Bananenscheiben mit Mangostücken, Reisdrink und Zitronensaft in einen Rührbecher geben und mit einem Pürierstab pürieren, in 2 Gläser füllen.

PETERSILIEN-SOJA-*Smoothie*

(IM FOTO SEITE 57 VORN)

FÜR 1 GLAS
♥
ZUBEREITUNGSZEIT
5 Minuten

ZUTATEN
½ Bund Petersilie
200 g Bio-Salatgurke
200 ml kalter Sojadrink
2 TL Hafer-Schmelzflocken
Salz
gem. Pfeffer
gem. Kreuzkümmel (Cumin)

Nährwerte pro Glas: Eiweiß: 9 g, Fett: 3 g, Kohlenhydrate: 14 g, Kilojoule: 513, Kilokalorien: 122, BE: 1,0

1 Petersilie abspülen und trocken tupfen. Die Blättchen von den Stängeln zupfen. Gurke abspülen, abtrocknen und nach Belieben schälen. Von der Salatgurke das Ende abschneiden, dann die Gurke in Scheiben schneiden. **2** Sojadrink mit Schmelzflocken, Salz, Pfeffer, Kreuzkümmel, Petersilie und Gurkenscheiben in einem Rührbecher kurz pürieren. Smoothie in ein Glas füllen.

♥ VEGAN

SESAM-BANANEN-„LASSI“

(IM FOTO HINTEN)

FÜR 2 GLÄSER
♥♥

ZUBEREITUNGSZEIT
20 Minuten, ohne Abkühlzeit

ZUTATEN
2 EL Sesamsamen, geschält
1 EL Voll-Rohrzucker
3–4 Stängel Koriander
2 Bananen
200 ml Kokosmilch
300 ml Reisdrink

Nährwerte pro Glas: Eiweiß: 5 g, Fett: 10 g, Kohlenhydrate: 60 g, Kilojoule: 1553, Kilokalorien: 370, BE: 5,0

1 Sesamsamen in einer Pfanne ohne Fett unter Wenden rösten, dann in einem Mörser mit dem Zucker zerstoßen, abkühlen lassen. **2** Koriander abspülen, trocken tupfen, 2 Stängel beiseitelegen. Von den restlichen Stängeln die Blättchen abzupfen. Bananen schälen, klein schneiden, mit Koriander, Kokosmilch und Reisdrink cremig pürieren. „Lassi“ mit Sesamzucker und Koriander garnieren.

Tipp: Kokosmilch und Reisdrink durch 500 ml Reis-Kokosdrink ersetzen.

BANANEN-KEFIR

(IM FOTO VORN)

FÜR 2 GLÄSER
♥♥

ZUBEREITUNGSZEIT
5 Minuten

ZUTATEN
2 Bananen
400 ml Kefir (1,5 % Fett)
100 ml Mineralwasser mit Kohlensäure
2–4 EL Sanddornsaft (ungesüßt)
2–4 EL Zitronen- oder Limettensaft
evtl. Minzeblättchen zum Garnieren

Nährwerte pro Glas: Eiweiß: 8 g, Fett: 8 g, Kohlenhydrate: 29 g, Kilojoule: 1019, Kilokalorien: 243, BE: 2,5

1 Bananen schälen, grob schneiden und mit den restlichen Zutaten in einem Mixer cremig pürieren. **2** Nach Belieben Minzeblättchen abspülen, trocken tupfen und den Bananen-Kefir damit garnieren.

VEGAN

RÖMER-SMOOTHIE (IM FOTO LINKS)

FÜR 2 GLÄSER
♥♥

ZUBEREITUNGSZEIT
15 Minuten

ZUTATEN
1 kleines Römersalat-Herz
4 Radieschen mit Grün
1 Bio-Apfel
300 ml Kokoswasser
1 EL geschroteter Leinsamen
einige Eiswürfel

Nährwerte pro Glas: Eiweiß: 3 g, Fett: 3 g, Kohlenhydrate: 12 g, Kilojoule: 399, Kilokalorien: 95, BE: 1,0

1 Römersalat abspülen und abtropfen lassen. Radieschen mit Grün putzen, gründlich abspülen und trocken tupfen. Apfel abspülen, abtrocknen, Stiel und Blütenansatz entfernen. Apfel mit Kerngehäuse, Radieschen und Salat grob schneiden, mit dem Kokoswasser in einem Standmixer pürieren, den Leinsamen unterrühren. Römer-Smoothie in mit Eiswürfeln gefüllte Gläser gießen.

VEGAN – TITELREZEPT

SMOOTHIE SELLERIE-FENCHEL

(IM FOTO RECHTS)

FÜR 2 GLÄSER
♥♥

ZUBEREITUNGSZEIT
15 Minuten

ZUTATEN
300 g Staudensellerie
1 Fenchelknolle (300 g)
1 Chicorée
1 grüner Bio-Apfel
100 g Rucola (Rauke)
Salz
2 EL Olivenöl
evtl. einige Eiswürfel

Nährwerte pro Glas: Eiweiß: 4 g, Fett: 11 g, Kohlenhydrate: 14 g, Kilojoule: 759, Kilokalorien: 182, BE: 1,0

1 Sellerie, Fenchel und Chicorée putzen, abspülen und abtropfen lassen. Die Zutaten in grobe Stücke schneiden. Apfel gründlich abspülen, abtrocknen, entkernen und in Stücke schneiden. Rucola abspülen und gut abtropfen lassen. Alle vorbereiteten Zutaten mit Salz und Olivenöl gut vermischen, dann im Entsafter entsaften und nach Belieben auf Eiswürfeln servieren.

PERFEKTER TAG-START

EARLY BIRD

(IM FOTO RECHTS)

FÜR 2 GLÄSER

ZUBEREITUNGSZEIT
10 Minuten

ZUTATEN
100 g Himbeeren
100 g gemischte Beeren
250 g Buttermilch
4 EL zarte Haferflocken
2 EL Ahornsirup

Nährwerte pro Glas: Eiweiß: 8 g, Fett: 2 g, Kohlenhydrate: 32 g, Kilojoule: 855, Kilokalorien: 204, BE: 2,5

1 Alle Beeren verlesen, evtl. kurz abspülen und gut abtropfen lassen. Beeren ggf. entstielen. Himbeeren mit Buttermilch, 2 Esslöffeln Haferflocken und 1 Teelöffel Ahornsirup in einem Standmixer pürieren, dann in 2 Gläsern verteilen. **2** Die restlichen Zutaten im Mixer cremig pürieren und ebenfalls in den Gläsern verteilen.

Tipp: Für einen veganen Smoothie Buttermilch durch Sojadrink „Vanille" ersetzen.

MELON SLUSH

(IM FOTO LINKS)

FÜR 2 GLÄSER

ZUBEREITUNGSZEIT
10 Minuten

ZUTATEN
200 g Mango
200 g Wassermelone
150 g Honigmelone
250 g crushed ice
1–2 Stängel Zitronenthymian
2 Holzspieße (Schaschlikspieße)

Nährwerte pro Glas: Eiweiß: 1 g, Fett: 0 g, Kohlenhydrate: 20 g, Kilojoule: 391, Kilokalorien: 94, BE: 1,5

1 Mango schälen und das Fruchtfleisch vom Stein schneiden. Melonen schälen und entkernen. Mango und Melonen in Würfel schneiden. Einige Fruchtwürfel auf die Spieße stecken. **2** Restliche Fruchtwürfel mit crushed ice in einem Standmixer cremig pürieren. Zitronenthymian abspülen, trocken tupfen und die Blättchen von den Stängeln zupfen. Thymian kurz untermixen.

♥

„GRÜN-ROSA"

MARMOR-SMOOTHIE

FÜR 2 GLÄSER
♥♥

ZUBEREITUNGSZEIT
15 Minuten

ZUTATEN
1 kleiner Chicorée
4 zarte Blätter Kopfsalat
2 Blätter Eichblattsalat
2 Stängel Minze
200 g Galiamelone
1 Banane
125 g Heidelbeeren
200 ml Buttermilch
evtl. etwas Wasser
etwas Zitronensaft
etwas flüssiger Honig
evtl. 2 Holzspieße (Schaschlikspieße)

Nährwerte pro Glas: Eiweiß: 6 g, Fett: 1 g, Kohlenhydrate: 31 g, Kilojoule: 752, Kilokalorien: 179, BE: 2,5

1 Chicorée putzen, längs halbieren, abspülen und abtropfen lassen. Strunk keilförmig herausschneiden. Alle Salate abspülen, abtropfen lassen und grob schneiden. Minze abspülen, trocken tupfen und die Blättchen von den Stängeln zupfen. **2** Melone und Banane schälen, klein schneiden. Heidelbeeren verlesen, kurz abspülen, abtropfen lassen und einige Beeren auf die Holzspieße stecken. Restliche Beeren mit der Buttermilch in einem Standmixer pürieren, die Hälfte davon beiseitestellen. **3** Salate und Obst mit der restlichen Beeren-Buttermilch im Standmixer pürieren. Nach Belieben den Smoothie mit Wasser verdünnen, dann mit Zitronensaft und Honig abschmecken. **4** Anschließend den Smoothie in 2 Gläsern verteilen. Die beiseitegestellte Beeren-Buttermilch daraufgießen und mit einem Holzspieß einmarmorieren. Die Marmor-Smoothies mit den Beerenspießen garnieren.

VEGAN

BROKKOLI-Smoothie (IM FOTO HINTEN)

FÜR 2 GLÄSER
♥♥

ZUBEREITUNGSZEIT
15 Minuten

ZUTATEN
80 g Brokkoli
1 Bio-Minigurke
2 reife Aprikosen
150 g Cantaloupe-Melone
4 getrocknete Soft-Datteln
200 ml Mandel- oder Haferdrink
Saft von ½ Limette

Nährwerte pro Glas: Eiweiß: 3 g, Fett: 3 g, Kohlenhydrate: 28 g, Kilojoule: 678, Kilokalorien: 162, BE: 2,0

1 Von dem Brokkoli die Blätter entfernen und den Strunk abschneiden. Anschließend Brokkoli in Röschen teilen. Von der Gurke die Enden abschneiden. Aprikosen abspülen, abtrocknen, halbieren und entsteinen. Melone schälen. Gurke, Aprikosen, Melone und Datteln in grobe Stücke schneiden. **2** Brokkoli mit Gurke und Mandel- bzw. Haferdrink in einem Standmixer cremig pürieren. Dann Aprikosen, Melone, Datteln und Limettensaft etwa 1 Minute untermixen.

ROTE-BETE-MINZ-Smoothie (IM FOTO VORN)

FÜR 2 GLÄSER
♥♥

ZUBEREITUNGSZEIT
15 Minuten, ohne nächtliche Quellzeit

ZUTATEN
2 TL Chiasamen
75 ml kaltes Wasser
1 Handvoll Rote-Bete-Blätter
1 Handvoll Pflücksalat
8 Stängel Minze
1 Bio-Apfel
150 g kernlose grüne Weintrauben
1 vorgegarte kleine Rote-Bete-Kugel (vakuumverpackt)
300 ml grüner Tee

Nährwerte pro Glas: Eiweiß: 3 g, Fett: 2 g, Kohlenhydrate: 24 g, Kilojoule: 589, Kilokalorien: 140, BE: 2,0

1 Chiasamen in dem Wasser über Nacht zugedeckt im Kühlschrank quellen lassen. **2** Rote-Bete-Blätter, Salat, Minze, Apfel und Trauben gründlich abspülen und anschließend trocken tupfen. 2 Stängel Minze beiseitelegen. Von der restlichen Minze die Blättchen abzupfen. Apfelstiel und -blütenansatz entfernen. Apfel (mit Kerngehäuse) und Rote Bete grob schneiden. **3** Alle Zutaten (bis auf Rote Bete) in einem Standmixer fein pürieren. Zwei Drittel davon in 2 Gläser gießen. Restlichen Smoothie mit der Roten Bete fein pürieren und ebenfalls in den Gläsern verteilen.

Brokkoli
Gurke

CREMIG & SCHOKOLADIG

SCHOKOEIS-JOGHURT-SHAKE

(IM FOTO LINKS)

FÜR 2 GLÄSER

ZUBEREITUNGSZEIT
5 Minuten

ZUTATEN
350 g Joghurt (3,5 % Fett)
4 Kugeln Schokoladeneis
1 TL Instant-Kaffeepulver
4 EL Schlagsahne, flüssig
etwas Zucker
etwas geschabte Schokolade

Nährwerte pro Glas: Eiweiß: 10 g, Fett: 22 g, Kohlenhydrate: 26 g, Kilojoule: 1463, Kilokalorien: 349, BE: 2,0

1 Joghurt mit Eis, Kaffeepulver und Sahne in einem Standmixer pürieren. Den Shake mit Zucker abschmecken, in 2 Gläsern verteilen und mit geschabter Schokolade bestreuen.

TITELREZEPT

HIMBEER-SHAKE (IM FOTO RECHTS)

FÜR 2 GLÄSER ♥♥ **ZUBEREITUNGSZEIT** 10 Minuten	**ZUTATEN** 125 g Himbeeren 500 ml Buttermilch 4 EL flüssiger Honig	Saft von ½–1 Zitrone

Nährwerte pro Glas: Eiweiß: 10 g, Fett: 1 g, Kohlenhydrate: 43 g, Kilojoule: 1036, Kilokalorien: 246, BE: 3,5

1 Himbeeren verlesen, evtl. kurz abspülen und gut abtropfen lassen. Himbeeren, Buttermilch und Honig in einem Standmixer pürieren. Den Shake mit Zitronensaft abschmecken.

VEGAN

WINTER GREEN *Smoothie* (IM FOTO VORN)

FÜR 2 GLÄSER

ZUBEREITUNGSZEIT
15 Minuten

ZUTATEN
4 zarte Blätter Grünkohl
1 Orange
1 reife Bio-Birne
1 kleine Banane
200–300 ml Wasser
evtl. 1–2 TL Ahornsirup
evtl. 1 Msp. gem. Zimt
2–4 EL Granatapfelkerne

Nährwerte pro Glas: Eiweiß: 3 g, Fett: 1 g, Kohlenhydrate: 28 g, Kilojoule: 605, Kilokalorien: 144, BE: 2,5

1 Vom Grünkohl die Blattrippen entfernen. Anschließend den Grünkohl gründlich waschen, abtropfen lassen und klein schneiden. Orange schälen und grob schneiden. Birne abspülen, abtrocknen, Stiel und Blütenansatz entfernen. Birne mit Kerngehäuse klein schneiden. Banane schälen und in kleine Stücke schneiden. **2** Grünkohl, Orange, Birne, Banane und Wasser in einem Standmixer sehr fein pürieren, dann nach Belieben mit Ahornsirup und Zimt abschmecken. Winter Green Smoothie in Gläsern verteilen und mit Granatapfelkernen bestreuen.

TAKE FOUR MIX (IM FOTO HINTEN)

FÜR 2 GLÄSER

ZUBEREITUNGSZEIT
5 Minuten

ZUTATEN
etwa 1 Handvoll verlesener Babyspinat
1 Banane
4 getrocknete Soft-Aprikosen
250 ml Mandeldrink

Nährwerte pro Glas: Eiweiß: 3 g, Fett: 4 g, Kohlenhydrate: 20 g, Kilojoule: 586, Kilokalorien: 140, BE: 1,5

1 Spinat gründlich waschen und abtropfen lassen. Banane schälen und mit den Aprikosen klein schneiden. **2** Spinat, Banane, Aprikosen und Mandeldrink in einem Mixer cremig pürieren.

VEGAN

STRAWBERRY FLIP

(IM FOTO LINKS)

FÜR 2 GLÄSER

ZUBEREITUNGSZEIT
10 Minuten

ZUTATEN
150 g Erdbeeren
Saft von 1 Zitrone
50 g Puderzucker
crushed ice
Mineralwasser mit Kohlensäure

Nährwerte pro Glas: Eiweiß: 1 g, Fett: 0 g, Kohlenhydrate: 30 g, Kilojoule: 561, Kilokalorien: 134, BE: 2,5

1 Die Erdbeeren putzen, abspülen, gut abtropfen lassen und entstielen. Erdbeeren mit Zitronensaft und Puderzucker in einem Rührbecher pürieren.

2 Erdbeerpüree in 2 zur Hälfte mit crushed ice gefüllte Gläser geben, mit Mineralwasser auffüllen und vorsichtig umrühren.

STATT DESSERT

KÜRBIS-KOKOS-MILCH (IM FOTO RECHTS)

FÜR 2 GLÄSER
♥♥

ZUBEREITUNGSZEIT
20 Minuten, ohne Abkühlzeit

ZUTATEN
150 g gewürfeltes Kürbisfruchtfleisch, geputzt (ohne faserigen Innenteil)
500 ml Milch (1,5 % Fett)
40 g Zucker
60 g Kokosraspel

Nährwerte pro Glas: Eiweiß: 12 g, Fett: 24 g, Kohlenhydrate: 38 g, Kilojoule: 1767, Kilokalorien: 422, BE: 3,0

1 Kürbiswürfel mit 250 ml Milch, Zucker und 45 g Kokosraspeln in einem Topf zum Kochen bringen, zugedeckt etwa 12 Minuten kochen lassen. Inzwischen restliche Kokosraspel in einer Pfanne ohne Fett unter Wenden goldbraun rösten, dann auf einem Teller erkalten lassen. **2** Kürbis-Kokos-Milch mit einem Pürierstab pürieren, dann durch ein Sieb gießen und in 2 Gläsern verteilen. Restliche Milch bis kurz vor dem Kochen erhitzen, dann mit einem Schneebesen schaumig aufschlagen. Den Milchschaum auf die Kürbis-Kokos-Milch gießen und mit gerösteten Kokosraspeln bestreuen.

Limos, Bowlen, **TEE & KAFFEE**

Obsttage mit Melonen, Limetten und Orangen müssen nicht langweilig sein. Und mit Zimt, Vanille oder Karamell hat niemand schnell den Kaffee auf. Einfach jeden Schluck genießen!

FÜR LAUE SOMMERNÄCHTE

CAIPIRINHA-BOWLE

FÜR 10–12 GLÄSER
ZUBEREITUNGSZEIT
15 Minuten,
ohne Kühlzeit

ZUTATEN
9–10 Bio-Limetten (unbehandelt, ungewachst)
250 g brauner Rohrzucker
250 ml Cachaça
1 kleine Galiamelone
1½ l kaltes Mineralwasser mit Kohlensäure
1½ l kalter trockener Sekt
einige Eiswürfel

Nährwerte pro Glas: Eiweiß: 1 g, Fett: 1 g, Kohlenhydrate: 39 g, Kilojoule: 1330, Kilokalorien: 318, BE: 3,5

1 7–8 Limetten heiß abwaschen, abtrocknen, achteln und in einem Bowlengefäß mit dem Zucker vermengen. Limetten mit einem Holzstößel zerdrücken, sodass der Saft austritt. Cachaça unterrühren, in den Kühlschrank stellen. **2** Melone halbieren und die Kerne mit einem Löffel herausschaben. Aus den Melonenhälften mit einem Kugelausstecher Kugeln ausstechen, in das Bowlengefäß geben und zugedeckt etwa 2 Stunden in den Kühlschrank stellen. **3** Kurz vor dem Servieren die restlichen Limetten so schälen, dass die weiße Haut mitentfernt wird. Limetten vierteln, in Scheiben schneiden und mit Mineralwasser, Sekt und Eiswürfeln in die Bowle geben.

ERDBEER-BOWLE (OHNE FOTO)

FÜR 8–10 GLÄSER

ZUBEREITUNGSZEIT
15 Minuten,
ohne Kühlzeit

ZUTATEN
500 g Erdbeeren
2–3 EL Zucker
700 ml kalter trockener Weißwein
1,4 l kalter trockener Sekt

Nährwerte pro Glas: Eiweiß: 1 g, Fett: 0 g, Kohlenhydrate: 15 g, Kilojoule: 917, Kilokalorien: 219, BE: 1,5

1 Erdbeeren putzen, abspülen, gut abtropfen lassen, entstielen und halbieren oder vierteln. Erdbeeren in einem Bowlengefäß mit Zucker bestreuen und mit 350 ml Wein begießen. Zugedeckt etwa 1 Stunde in den Kühlschrank stellen. **2** Restlichen Wein mit dem Sekt hinzugießen, leicht umrühren.

0%
Alkohol

MELONEN-BOWLE

FÜR 10–12 GLÄSER

ZUBEREITUNGSZEIT
45 Minuten

ZUTATEN
1 gekühlte mittelgroße Wassermelone
1 gekühlte große Honigmelone
100 ml Holunderblütensirup
1 ½ l kalte Zitronenlimonade
½ Bund Zitronenmelisse
750 ml Mineralwasser oder Tonic Water

Holzstäbchen (Schaschlikspieße)

Nährwerte pro Glas: Eiweiß: 1 g, Fett: 0 g, Kohlenhydrate: 33 g, Kilojoule: 600, Kilokalorien: 143, BE: 3,0

1 Von der Wassermelone einen Deckel abschneiden. Das Fruchtfleisch aus dem Deckel in Kugeln ausstechen oder mit einem Löffel größere Stücke herauslösen, in Scheiben schneiden und dann mit einer Ausstechform Herzen ausstechen. **2** Melonenkugeln oder -herzen in eine große Schüssel geben (einige Stücke beiseitelegen). Das restliche Fruchtfleisch der Wassermelone mit einem Esslöffel herauslösen, sodass die Melone innen glatt ist. Auch aus diesen Stücken Kugeln oder Herzen herstellen und in die Schüssel geben. **3** Honigmelone halbieren und entkernen. Das Fruchtfleisch als Kugeln ausstechen oder in Würfel schneiden, zum Bowlenansatz in die Schüssel geben. Sirup und Limonade hinzugießen. Zitronenmelisse abspülen, trocken tupfen, die Blättchen von den Stängeln zupfen, klein schneiden und in die Schüssel geben. Bowlenansatz bis zum Servieren zugedeckt in den Kühlschrank stellen. **4** Zum Servieren den Bowlenansatz mit Mineralwasser oder Tonic Water auffüllen, in die ausgehöhlte Wassermelone füllen und darin servieren. **5** Beiseitegelegte Melonenstücke auf Holzstäbchen stecken und mit der Bowle servieren.

Tipps: Steht die Melone nicht gerade, diese einfach in einen mit etwas Zucker gefüllten tiefen Teller stellen. Sie können die Zitronenmelisse auch mit einem Bändchen zusammenbinden und das Bund in die Bowle hängen.

¡SALUD!

SANGRIA-BOWLE

FÜR 10 GLÄSER

ZUBEREITUNGSZEIT
20 Minuten,
ohne Kühlzeit

ZUTATEN
3 Pfirsiche
3 Bio-Orangen (unbehandelt, ungewachst)
2 Bio-Zitronen (unbehandelt, ungewachst)
8 cl Orangenlikör
8 cl spanischer Brandy
8 cl Portwein
2–2½ l kalter spanischer Rotwein

Nährwerte pro Glas: Eiweiß: 1 g, Fett: 0 g, Kohlenhydrate: 19 g, Kilojoule: 1079, Kilokalorien: 257, BE: 1,5

1 Die Pfirsiche kurze Zeit in kochendes Wasser legen (nicht kochen lassen), dann in kaltem Wasser abschrecken, enthäuten, halbieren und jeweils den Stein herauslösen. Pfirsichhälften in kleine Stücke schneiden und in eine Karaffe geben.
2 Die Orangen und Zitronen heiß abwaschen und abtrocknen. Jeweils von 1 Orange und 1 Zitrone die Schale spiralförmig abschälen. **3** Restliche Orangen und Zitrone mit einem scharfen Messer so schälen, dass die weiße Haut vollständig mitentfernt wird.
4 Das Fruchtfleisch in kleine Stücke schneiden und zu den Pfirsichstücken in die Karaffe geben.
5 Anschließend Orangenlikör, Brandy und Portwein hinzugeben. Die Karaffe mit den Früchten einige Stunden zugedeckt in den Kühlschrank stellen.
6 Zum Servieren die Früchte mit Rotwein auffüllen und die Orangen- und Zitronenspirale in die Karaffe hängen.

PRETTY IN PINK

PINK LIMONADE (IM FOTO LINKS)

FÜR 4 GLÄSER
♥♥♥♥

ZUBEREITUNGSZEIT
10 Minuten, ohne Kühlzeit

ZUTATEN
1 l stilles Mineralwasser
100–150 g Zucker
1 Prise Salz
10–20 ml Zitronensaft
50 ml Grenadinesirup

Nährwerte pro Glas: Eiweiß: 0 g, Fett: 0 g, Kohlenhydrate: 41 g, Kilojoule: 687, Kilokalorien: 164, BE: 3,5

1 Das Mineralwasser mit dem Zucker und Salz in einen Topf geben und unter Rühren zum Kochen bringen. Anschließend die Mischung abkühlen lassen, nach Belieben in einen Glaskrug füllen und etwa 2 Stunden mit Frischhaltefolie zugedeckt in den Kühlschrank stellen.

2 Anschließend Zitronensaft und die Grenadine unterrühren.

Tipps: Servieren Sie die Limonade mit viel Eis. Sie können die Limonade in einer gründlich gereinigten, verschließbaren Flasche etwa 3 Tage aufbewahren.

INGWER-LIMONADE (IM FOTO RECHTS)

FÜR 4 GLÄSER
♥♥♥♥

ZUBEREITUNGSZEIT
15 Minuten, ohne Kühlzeit

ZUTATEN
25 g frischer Ingwer
1 l stilles Mineralwasser
100–150 g Zucker
1 Prise Salz
50 ml Zitronensaft

Nährwerte pro Glas: Eiweiß: 0 g, Fett: 0 g, Kohlenhydrate: 32 g, Kilojoule: 536, Kilokalorien: 128, BE: 2,5

1 Den Ingwer schälen und in Scheiben schneiden. Anschließend mit Wasser, Zucker und Salz in einen Topf geben und unter Rühren zum Kochen bringen. Dann die Mischung abkühlen lassen und nach Belieben durch ein Sieb in einen Glaskrug füllen.

2 Die Mischung etwa 2 Stunden mit Frischhaltefolie zugedeckt in den Kühlschrank stellen. Anschließend den Zitronensaft zugeben und die Ingwerlimonade umrühren.

Tipp: Servieren Sie die Limonade nach Belieben mit viel Eis und den Ingwerscheiben.

ERFRISCHEND FRUCHTIG

ZITRONEN-LIMONADE

(IM FOTO MITTIG)

FÜR 4 GLÄSER
♥♥♥♥

ZUBEREITUNGSZEIT
10 Minuten,
ohne Kühlzeit

ZUTATEN
1 l stilles Mineralwasser
100–150 g Zucker
1 Prise Salz
50–60 ml Zitronensaft

Nährwerte pro Glas: Eiweiß: 0 g, Fett: 0 g, Kohlenhydrate: 32 g, Kilojoule: 537, Kilokalorien: 128, BE: 2,5

1 Das Mineralwasser mit dem Zucker und Salz in einen Topf geben und unter Rühren zum Kochen bringen. Anschließend die Mischung abkühlen lassen und nach Belieben in einen Glaskrug füllen. **2** Die Mischung etwa 2 Stunden mit Frischhaltefolie zugedeckt in den Kühlschrank stellen. **3** Anschließend den Zitronensaft zugeben und die Zitronenlimonade umrühren.

FÜR HEISSE SOMMERTAGE

ORANGEN-LIMONADE

(IM FOTO RECHTS UND LINKS)

FÜR 4 GLÄSER
♥♥♥♥

ZUBEREITUNGSZEIT
10 Minuten,
ohne Kühlzeit

ZUTATEN
1 l stilles Mineralwasser
100–150 g Zucker
1 Prise Salz
10–20 ml Zitronensaft
50 ml Orangensaft

Nährwerte pro Glas: Eiweiß: 0 g, Fett: 0 g, Kohlenhydrate: 32 g, Kilojoule: 548, Kilokalorien: 131, BE: 2,5

1 Wasser, Zucker und Salz in einem Topf unter Rühren zum Kochen bringen. Anschließend die Mischung abkühlen lassen und nach Belieben in einen Glaskrug füllen. **2** Die Mischung etwa 2 Stunden mit Frischhaltefolie zugedeckt in den Kühlschrank stellen. Anschließend Zitronen- und Orangensaft zugeben und umrühren.

Tipp: Servieren Sie die Limonade in Gläsern mit viel Eis. Garnieren Sie die Gläser nach Belieben mit Orangenscheiben.

ENTSPANNUNG PUR

CHAI

FÜR 4 GLÄSER ♥♥♥♥	**ZUTATEN**	evtl. Kardamom oder Sternanis
ZUBEREITUNGSZEIT 10 Minuten, ohne Abkühlzeit	1 l Milch (3,5 % Fett) 4 EL loser schwarzer Tee 1 Zimtstange 1–2 Gewürznelken	evtl. etwas brauner Zucker (Rohrzucker)

Nährwerte pro Glas: Eiweiß: 9 g, Fett: 9 g, Kohlenhydrate: 12 g, Kilojoule: 689, Kilokalorien: 165, BE: 1,0

1 Die Milch in einem Topf bei schwacher Hitze zum Kochen bringen. Tee, Zimtstange, Nelken und Kardamom oder Sternanis hinzugeben und etwa 2 Minuten bei schwacher Hitze leicht köcheln lassen. **2** Den Chai durch ein Sieb in 4 Gläser füllen und nach Belieben mit braunem Zucker süßen.

Tipp: Erkaltet können Sie den Chai mit einigen Eiswürfeln und nach Belieben mit einer Zimtstange garniert genießen.

EISTEE

(OHNE FOTO)

FÜR 4 GLÄSER ♥♥♥♥	**ZUTATEN**	je 1 Stück Bio-Zitronen- und Bio-Orangenschale (unbehandelt, ungewachst)	1 Zimtstange 2 Pimentkörner
ZUBEREITUNGSZEIT 5 Minuten, ohne Zieh- und Kühlzeit	einige Teeblätter (schwarzer Tee)	2 Gewürznelken	1 l kochendes Wasser etwas Zucker oder Honig einige Eiswürfel

Nährwerte pro Glas: Eiweiß: 0 g, Fett: 0 g, Kohlenhydrate: 5 g, Kilojoule: 98, Kilokalorien: 23, BE: 0,5

1 Teeblätter, Zitronen-, Orangenschale und Gewürze in einer Kanne mit kochenden Wasser übergießen, 3–5 Minuten ziehen lassen. Den Tee durch ein Sieb gießen, mit Zucker oder Honig süßen und erkalten lassen. **2** Tee in 4 zur Hälfte mit Eiswürfeln gefüllte Gläser gießen und servieren.

PERFEKT ZUM DESSERT

ESPRESSOLIKÖR

FÜR 1,25 LITER

ZUBEREITUNGSZEIT
25 Minuten, ohne Abkühlzeit

ZUTATEN
250 ml Wasser
375 g Zucker
375 ml kalter Espresso
250 ml Aroma-Sirup Karamell-Geschmack
250 ml Weingeist/Ethanol (hochprozentiger Alkohol, 90 Vol.-%)

Nährwerte insgesamt: Eiweiß: 1 g, Fett: 0 g, Kohlenhydrate: 583 g, Kilojoule: 16431, Kilokalorien: 3915, BE: 48,5

1 Wasser mit Zucker zum Kochen bringen und sirupartig einkochen lassen. Dann mit Espresso und Aroma-Sirup verrühren und erkalten lassen. Anschließend Weingeist unterrühren. **2** Den Espressolikör in gründlich gereinigte, gespülte Flaschen füllen und mit einem Flaschenverschluss fest verschließen. Likör sofort genießen oder kühl und dunkel gestellt etwa 6 Wochen aufbewahren.

IRISH COFFEE

(OHNE FOTO)

FÜR 4 GLÄSER
♥♥♥♥

ZUBEREITUNGSZEIT
10 Minuten

ZUTATEN
200 g Schlagsahne (mind. 30 % Fett)
½ l starker Kaffee
2 EL brauner Zucker
150 ml irischer Whiskey

Nährwerte pro Glas: Eiweiß: 1 g, Fett: 16 g, Kohlenhydrate: 9 g, Kilojoule: 1170, Kilokalorien: 279, BE: 1,0

1 Sahne halb steif schlagen und in den Kühlschrank stellen. **2** Kaffee frisch aufbrühen, mit Zucker in Irish-Coffee-Gläser füllen. Whiskey in den Gläsern verteilen und je eine Sahnehaube daraufsetzen.

EISKALT ERFRISCHT

CAFÉ FRAPPÉ

FÜR 2–4 GLÄSER

ZUBEREITUNGSZEIT
10 Minuten,
ohne Abkühlzeit

ZUTATEN
600 ml frisch gekochter, starker Kaffee
180 g Zucker
6 Eiswürfel
100 g Schlagsahne, flüssig

Nährwerte pro Glas: Eiweiß: 1 g, Fett: 11 g, Kohlenhydrate: 62 g, Kilojoule: 1448, Kilokalorien: 346, BE: 5,0

1 Kaffee mit Zucker verrühren und erkalten lassen. Den Kaffee mit den Eiswürfeln und der Sahne in einem Standmixer kräftig durchmixen, sodass ein Kaffeeschaum entsteht. **2** Den Café Frappé in 2–4 Gläser füllen und sofort servieren.

Tipp: Nach Belieben können Sie den Café Frappé mit einem Kaffee-, Schokoladen- oder Sahnelikör aromatisieren.

SPICED ICED COFFEE (OHNE FOTO)

FÜR 4 GLÄSER

ZUBEREITUNGSZEIT
5 Minuten,
ohne Kühlzeit

ZUTATEN
1 l frisch gekochter, starker Kaffee
1 Zimtstange
4 Gewürznelken
50 g Zucker
einige Eiswürfel

NACH BELIEBEN:
Sprühsahne

Nährwerte pro Glas: Eiweiß: 1 g, Fett: 0 g, Kohlenhydrate: 13 g, Kilojoule: 235, Kilokalorien: 56, BE: 1,0

1 Kaffee mit Zimtstange, Nelken und Zucker verrühren, abkühlen lassen und dann mehrere Stunden in den Kühlschrank stellen. **2** Gewürze entfernen. Den Kaffee in 4 zur Hälfte mit Eiswürfeln gefüllte Gläser gießen, nach Belieben jeweils einen Tupfen Sprühsahne aufspritzen.

GEGEN REGENWETTER-BLUES

VANILLE-SCHOKOLADE

FÜR 6 GLÄSER
♥♥♥♥♥♥

ZUBEREITUNGSZEIT
10 Minuten,
ohne Ziehzeit

ZUTATEN
700 ml Milch (3,5 % Fett)
1 Vanilleschote
150 g Zartbitter-Kuvertüre

Nährwerte pro Glas: Eiweiß: 6 g, Fett: 13 g, Kohlenhydrate: 17 g, Kilojoule: 900, Kilokalorien: 216, BE: 1,5

1 Die Milch in einen Topf geben und erhitzen. Die Vanilleschote längs aufschneiden und das Mark mit dem Messerrücken herausschaben. Vanillemark und -schote in die heiße Milch geben und etwa 10 Minuten darin ziehen lassen. Anschließend die Vanilleschote entfernen. **2** Die Vanillemilch bis kurz vor dem Siedepunkt erhitzen (nicht kochen, sonst wird der Schaum nicht fest), dann mit einem Schneebesen oder einem Milchschäumer schaumig aufschlagen. Etwa 6 Esslöffel von dem Milchschaum abnehmen, in eine vorgewärmte Tasse geben und beiseitestellen. **3** Die Kuvertüre klein hacken und in der restlichen heißen Vanillemilch unter Rühren schmelzen lassen. Anschließend die Vanilleschokolade in 6 hitzebeständige Gläser füllen. Den beiseitegestellten heißen Milchschaum mit einem Esslöffel vorsichtig darauf verteilen.

Tipp: Zur Vanilleschokolade selbst gemachte **Shortbread-Sticks** genießen. Dafür den Backofen vorheizen (Ober-/Unterhitze: etwa 180 °C, Heißluft: etwa 160 °C). 180 g Weizenmehl, 40 g feinen Zucker und 125 g kalte, in Scheiben geschnittene Butter mit den Händen zu einem festen Teig verkneten. Dann auf einer bemehlten Arbeitsfläche zu einem Rechteck (etwa 18 x 20 cm) ausrollen, mit 1 Prise Salz bestreuen und etwas andrücken. Das Teigrechteck so halbieren, dass 2 Rechtecke (etwa 9 x 20 cm) entstehen. Diese in 9 x 2 cm große Sticks schneiden, jeweils mit einer Gabel ein Muster einstechen, mit etwas Abstand auf Backbleche (mit Backpapier belegt) legen. Die Backbleche nacheinander (bei Heißluft zusammen) in den vorgeheizten Backofen schieben. Die Sticks **etwa 10 Minuten je Backblech backen**.

Snacks & **FINGERFOOD**

In der einen Hand einen Cocktail oder Smoothie, in der anderen Hand Nordic Scones oder Erdbeeren in Bündner Fleisch. Wenn das keine ausgewogene Ernährung ist!

AUS DEM OFEN

FEIGEN MIT ZIEGENKÄSE

FÜR 6 PORTIONEN
♥♥♥♥♥♥

ZUBEREITUNGSZEIT
45 Minuten

GRILLZEIT
etwa 6 Minuten

ZUTATEN
50 g Pistazienkerne
500 ml roter Traubensaft
8 TL flüssiger Akazienhonig
5 Stängel Thymian
250 g Ziegenfrischkäse
gem. Pfeffer
6 große frische Feigen

Nährwerte pro Portion: Eiweiß: 6 g, Fett: 16 g, Kohlenhydrate: 34 g, kJ: 1246, kcal: 300, BE: 3,0

1 Pistazienkerne in einer Pfanne ohne Fett unter Wenden goldbraun rösten und auf einen Teller geben. **2** Den Traubensaft mit 5 Teelöffeln Honig in einem Topf verrühren und bei mittlerer Hitze sirupartig einkochen (etwa 15 Minuten) lassen. **3** Den Backofengrill vorheizen. Pistazienkerne klein hacken. **4** Thymian abspülen und trocken tupfen. Von 3 Stängeln die Blättchen abzupfen. Blättchen klein schneiden. Frischkäse mit einer Gabel zerdrücken. Restlichen Honig, gehackten Thymian und etwa die Hälfte der Pistazienkerne untermengen, dann mit Pfeffer abschmecken. **5** Feigen vorsichtig abspülen, trocken tupfen und halbieren. Mit einem Teelöffel kleine Vertiefungen in das Fruchtfleisch drücken. Die vorbereitete Frischkäsemasse in Häufchen hineinsetzen. Die Feigen auf ein Backblech (gefettet) setzen. **6** Das Backblech unter den vorgeheizten Backofengrill schieben. Die Feigen **etwa 6 Minuten grillen**, bis der Käse leicht gebräunt ist. **7** Die beiseitegelegten Thymianstängel etwas kleiner zupfen. Die heißen Feigen mit Traubensirup anrichten, mit Thymian und restlichen Pistazienkernen garnieren.

Tipp: Für **Blitz-Käse-Feigen** (Titelrezept) 6 frische Feigen vorsichtig abspülen, trocken tupfen und halbieren. 100 g Blauschimmelkäse in dünne, kleine Scheiben schneiden. Die Feigenhälften mit Käse und jeweils 1 abgespülten, trocken getupften Basilikumblatt belegen, mit Zahnstochern fixieren.

MIT SALSA FRITA

Süßkartoffel-CHIPS

8–10 PORTIONEN

ZUBEREITUNGSZEIT
45 Minuten,
ohne Abkühlzeit
GARZEIT:
etwa 10 Minuten

ZUTATEN
FÜR DIE SALSA FRITA:
450 g Tomaten
½–1 rote Chilischote
1 Zwiebel
4 EL Olivenöl
Salz
1 EL gem. Piment
(Nelkenpfeffer)
3 Stängel Koriander
1 Bio-Limette
(unbehandelt,
ungewachst)

FÜR DIE
SÜSSKARTOFFEL-CHIPS:
3 Süßkartoffeln
(je etwa 150 g)
etwa 1 l Speiseöl,
z. B. Sonnenblumenöl

Nährwerte pro Portion: Eiweiß: 1 g, Fett: 7 g, Kohlenhydrate: 12 g, Kilojoule: 482, Kilokalorien: 115, BE: 1,0

1 Für die Salsa Frita die Tomaten kreuzweise einschneiden und dann mit kochendem Wasser übergießen. Nach 1–2 Minuten herausnehmen und mit kaltem Wasser abschrecken. Tomaten enthäuten, halbieren und die Stängelansätze herausschneiden. Tomaten mit den Kernen in etwa 1 cm große Stücke schneiden. **2** Chili abspülen, abtrocknen, entstielen und mit den Kernen fein hacken. Die Zwiebel abziehen und fein würfeln. **3** Das Olivenöl in einem Topf erhitzen. Fein gehackte Chilischote und Zwiebelwürfel darin kräftig andünsten. Die Tomaten dazugeben, alles mit Salz und Piment würzen. Die Sauce offen bei mittlerer Hitze etwa 10 Minuten garen. Den Topf von der Kochstelle nehmen. Salsa Frita erkalten lassen. **4** Koriander abspülen, trocken tupfen und die Blättchen von den Stängeln zupfen. Blättchen grob zerschneiden. Die Limette heiß abwaschen, abtrocknen und die Schale fein abreiben. Die Limette halbieren, den Saft auspressen und 2 Esslöffel davon abmessen. Koriander, Limettenschale und -saft unter die erkaltete Salsa Frita rühren. **5** Für die Süßkartoffel-Chips die Süßkartoffeln schälen und der Länge nach in etwa 2 mm dünne Scheiben hobeln. **6** Das Speiseöl in einem Topf auf etwa 180 °C erhitzen. Die Süßkartoffeln darin portionsweise in jeweils etwa 3 Minuten goldbraun frittieren. Die fertigen Süßkartoffel-Chips auf Küchenpapier abtropfen und erkalten lassen. Die Chips mit Salz leicht würzen und mit der Salsa Frita servieren.

EDLE HÄPPCHEN

MINI-SPIEGELEIER *auf rotem Tatar*

FÜR 16 STÜCK

ZUBEREITUNGSZEIT
35 Minuten

ZUTATEN
125 g vorgegarte Rote Bete (vakuumverpackt)
1 Schalotte
2 EL Crème fraîche
1 EL Zitronensaft
1 EL Sahnemeerrettich
Salz
gem. schwarzer Pfeffer
50 g geräuchertes Forellenfilet
2 EL Speiseöl
16 Wachteleier
3 Stängel Dill
16 Scheiben Mini-Zwieback

Nährwerte pro Stück: Eiweiß: 3 g, Fett: 4 g, Kohlenhydrate: 4 g, Kilojoule: 264, Kilokalorien: 63, BE: 0,5

1 Die Rote Bete in sehr feine Würfel schneiden. Schalotte abziehen und ebenfalls sehr fein würfeln. **2** Crème fraîche mit Zitronensaft und Meerrettich verrühren, mit Salz und Pfeffer würzen. Rote-Bete- und Schalotten-Würfel unterrühren. Forellenfilet in kleine Stückchen zupfen. **3** Das Speiseöl in einer Pfanne erhitzen. Die Eier vorsichtig an einem scharfkantigen Gegenstand aufschlagen und darin bei mittlerer Hitze wie Spiegeleier braten. Die Spiegeleier mit Salz würzen. **4** Dill abspülen und trocken tupfen. Zwei Drittel davon fein schneiden und kurz vor dem Servieren mit dem Forellenfilet unter die Rote-Bete-Mischung rühren. **5** Das Tatar auf den Mini-Zwieback-Scheiben verteilen. Jeweils 1 Wachtelspiegelei daraufsetzen und mit dem restlichen Dill garnieren.

FÜR DEN FILMABEND

MANGO-KRAPFEN
à la Bollywood

FÜR 24 STÜCK

ZUBEREITUNGSZEIT
50 Minuten
TEIGGEHZEIT:
etwa 45 Minuten

ZUTATEN
1 rote Peperoni
21 g frische Hefe
1 TL Zucker
240 ml lauwarme Milch (3,5 % Fett)
500 g Weizenmehl
1 Ei (Größe M)
1 Eigelb (Größe M)
2 EL Currypulver
Salz
50 g Butter (zimmerwarm)
75 g Röstzwiebeln
125 g festes Mango-Fruchtfleisch (vorbereitet gewogen)

1 l Speiseöl, z. B. Sonnenblumenöl

FÜR DEN MINZ-JOGHURT:
2 Stängel Minze
400 g Joghurt (3,5 % Fett)
2 EL Zitronensaft

175 g Mango-Chutney (aus dem Glas)

Nährwerte pro Portion: Eiweiß: 4 g, Fett: 8 g, Kohlenhydrate: 22 g, Kilojoule: 751, Kilokalorien: 179, BE: 2,0

1 Peperoni abspülen, abtrocknen, entstielen, entkernen und die weißen Scheidewände entfernen. Peperoni fein würfeln. Hefe in eine Schüssel bröckeln, mit dem Zucker in der Milch auflösen. Mehl in eine Rührschüssel geben. Hefemilch, Ei, Eigelb, Curry, Salz und Butter (in Stückchen) hinzufügen, mit einem Mixer (Knethaken) zunächst kurz auf niedrigster, dann auf höchster Stufe in etwa 5 Minuten zu einem glatten Teig verkneten. **2** Peperoni und Röstzwiebeln gut unterarbeiten. Den Teig zugedeckt so lange an einem warmen Ort gehen lassen, bis er sich sichtbar vergrößert hat, etwa 30 Minuten. **3** Inzwischen das Mango-Fruchtfleisch fein würfeln. Mangowürfel unter den gegangenen Teig kneten. Teig in 2 Portionen teilen. Jede Teigportion auf der leicht bemehlten Arbeitsfläche zu einer etwa 30 cm langen Rolle formen. Anschließend jede Teigrolle in 12 gleich große Stücke schneiden. Diese mit leicht bemehlten Händen zu runden Krapfen formen und zugedeckt nochmals so lange an einem warmen Ort gehen lassen, bis sie sich sichtbar vergrößert haben, etwa 15 Minuten. **4** Das Speiseöl in einem Topf auf etwa 180 °C erhitzen. Die Krapfen darin in 3–4 Portionen jeweils 5–6 Minuten goldbraun ausbacken. Die fertigen Krapfen auf Küchenpapier abtropfen und erkalten lassen. **5** Für den Minz-Joghurt Minze abspülen, trocken tupfen und die Blättchen von den Stängeln zupfen. Blättchen fein hacken. Joghurt mit Minze, Zitronensaft und etwas Salz verrühren. Die Krapfen mit dem Joghurt und dem Chutney anrichten.

SOMETHING SPECIAL

CALIFORNIA ROLLS
mit Salat und Gurke

24 STÜCK

ZUBEREITUNGSZEIT
65 Minuten, ohne Zieh- und Abkühlzeit
GARZEIT:
etwa 20 Minuten

ZUTATEN
FÜR DEN REIS:
300 g Sushireis
Salz
450 ml Wasser
4 EL Reisessig
1 gestr. TL Zucker

4 EL Wasabipaste
55 g Delikatess-Mayonnaise
175 g Salatgurke
70 g Römersalat
3 Stängel Koriander
3 Noriblätter

45 g Tobiko-Wasabi-Kaviar aus Fliegenfisch-Rogen

100 ml Sojasauce
100 g eingelegter Ingwer (aus dem Glas)

Nährwerte pro Stück: Eiweiß: 2 g, Fett: 3 g, Kohlenhydrate: 11 g, Kilojoule: 322, Kilokalorien: 77, BE: 1,0

1 Reis in einem Sieb unter fließendem kalten Wasser abspülen, bis das Wasser klar abläuft, dann sehr gut abtropfen lassen, mit etwas Salz und dem Wasser in einem Topf zum Kochen bringen. Reis zugedeckt etwa 20 Minuten bei schwacher Hitze garen. Topf von der Kochstelle nehmen. Reis weitere 10 Minuten im geschlossenen Topf ziehen lassen. **2** Essig erwärmen. 1 gestrichenen Teelöffel Salz und den Zucker darin unter Rühren auflösen. Dann locker unter den heißen Reis mischen, mit einem feuchten Tuch abdecken und erkalten lassen. **3** 2 Esslöffel von der Wasabipaste mit der Mayonnaise verrühren. Gurke schälen, längs vierteln, entkernen und jedes Viertel nochmals der Länge nach halbieren. Salate putzen, abspülen und gut abtropfen lassen, dann der Länge nach in 2 cm breite Streifen schneiden. Koriander abspülen, trocken tupfen und die Blättchen von den Stängeln zupfen. **4** Eine Sushimatte zunächst mit Frischhaltefolie, dann mit einem Noriblatt belegen. Darauf eine etwa ½ cm dicke Reisschicht so verteilen, dass an den Rändern jeweils etwa 1 cm frei bleibt. Reisschicht mit einem weiteren Stück Frischhaltefolie belegen. Mithilfe der Frischhaltefolie alles einmal wenden, sodass die Seite mit dem Noriblatt oben liegt. **5** Das Noriblatt dünn mit einem Drittel der Wasabi-Mayonnaise bestreichen. Dann jeweils ein Drittel Gurken, Salat und Koriander der Breite nach, passend zurechtgeschnitten, darauflegen. Mithilfe der Sushimatte alles zu einer Rolle aufrollen und dabei leicht andrücken. Die Rolle vorsichtig aus der Sushimatte lösen und im Wasabi-Kaviar wälzen. Auf diese Weise 2 weitere Rollen herstellen. **6** Jede Rolle mit einem scharfen Messer in 8 gleich große Scheiben schneiden. Die California Rolls mit der Sojasauce, dem restlichen Wasabi und Ingwer servieren.

Tipp: Sie können den Tobiko-Wasabi-Kaviar durch 3 Esslöffel geschälte Sesamsamen ersetzen.

SALAD TO GO

GARNELEN-SESAM-SALAT *im Reispapier*

FÜR 12 STÜCK **ZUBEREITUNGSZEIT** 50 Minuten, ohne Abkühlzeit	**ZUTATEN** 400 g aufgetaute TK-Garnelen (ohne Kopf und Schale, je etwa 20 g) Salz	3 EL Speiseöl 3 EL Sesamsamen, geschält 60 g Rucola (Rauke) 450 g reife Avocados	3 EL Zitronensaft 4 Stängel Koriander 8 runde Reispapierblätter (Ø 20–22 cm)

Nährwerte pro Stück: Eiweiß: 8 g, Fett: 12 g, Kohlenhydrate: 5 g, Kilojoule: 648, Kilokalorien: 155, BE: 0,5

1 Garnelen entdarmen, dann unter fließendem kalten Wasser abspülen und mit Küchenpapier trocken tupfen. Garnelen mit Salz würzen. **2** Das Speiseöl in einer Pfanne erhitzen. Die Garnelen darin portionsweise bei mittlerer Hitze von jeder Seite etwa 2 Minuten braten. Dann aus der Pfanne nehmen und erkalten lassen. **3** Sesamsamen in einer Pfanne ohne Fett unter Wenden goldbraun rösten und auf einen Teller geben. Rucola verlesen und dicke Stängel abschneiden. Rucola abspülen, gut abtropfen lassen oder trocken schleudern und evtl. etwas kleiner zupfen. **4** Avocados halbieren und entsteinen. Das Fruchtfleisch mit einem Esslöffel herauslösen, mit Zitronensaft und Salz mischen und mit einer Gabel grob zerdrücken. **5** Die Garnelen in etwa 2 cm große Stücke schneiden. Koriander abspülen, trocken tupfen und die Blättchen von den Stängeln zupfen. Etwa 12 Blättchen davon zum Garnieren beiseitelegen. Die restlichen Blättchen grob zerschneiden. Garnelenstücke und klein geschnittenen Koriander unter die Avocadocreme rühren. **6** Das Reispapapier nacheinander jeweils etwa 1 Minute in lauwarmem Wasser einweichen, dann abtropfen lassen. Jeweils 2 Reispapierblätter übereinanderlegen und anschließend jeweils zuerst 1 Teelöffel Sesam und ein Viertel der Rucolablätter darauf verteilen. **7** Auf dem unteren Drittel des Reispapiers dann ein Viertel der Avocadocreme leicht gehäuft verteilen. Das Reispapier stramm aufrollen. Auf diese Weise 3 weitere Reispapierrollen herstellen. **8** Kurz vor dem Servieren die Enden der Reispapierrollen mit einem scharfen Messer abschneiden. Jede Reispapierrolle in 3 gleich große Stücke schneiden und mit dem restlichen Sesamsamen und Koriander bestreuen.

SERVIERT MIT FRUCHTIGEM SALAT

KAFFEE-MACADAMIA-SCHNITZELCHEN

FÜR 8 PORTIONEN

ZUBEREITUNGSZEIT
45 Minuten,
ohne Abkühlzeit

ZUTATEN

FÜR DIE SAUERKIRSCH-VINAIGRETTE:
40 g getrocknete Sauerkirschen
6 EL Olivenöl
3 EL Balsamico-Essig
Salz
gem. schwarzer Pfeffer

FÜR DIE SCHNITZELCHEN:
2 EL ganze Kaffeebohnen
40 g Macadamianusskerne
40 g Semmelbrösel
300 g Hähnchen- oder Perlhuhnbrustfilet
etwas Weizenmehl
1 Ei (Größe L)
8 EL Speiseöl zum Braten

AUSSERDEM:
100 g gemischte Baby-Salate oder Pflücksalat

Nährwerte pro Portion: Eiweiß: 12 g, Fett: 17 g, Kohlenhydrate: 10 g, Kilojoule: 993, Kilokalorien: 237, BE: 1,0

1 Für die Sauerkirsch-Vinaigrette Kirschen mit Olivenöl, Essig, etwas Salz und Pfeffer verrühren. **2** Für die Schnitzelchen Kaffeebohnen im Mörser nicht zu fein zerstoßen. Macadamianusskerne nicht zu fein hacken, dann mit den Kaffeebohnen und den Semmelbröseln mischen. Das Hähnchen- oder Perlhuhnbrustfilet mit Küchenpapier abtupfen und anschließend in 8 gleich große Stücke schneiden. Die Filetstücke mit Salz würzen, dann so in dem Mehl wenden, dass sie nur dünn bemehlt sind. **3** Das Ei mit einer Gabel verquirlen. Die Filetstücke kurz in das Ei tauchen, etwas abtropfen lassen und dann mit der Kaffee-Macadamia-Mischung panieren. **4** Das Speiseöl in einer großen Pfanne erhitzen. Die Filetstücke darin bei starker Hitze von jeder Seite in etwa 2½ Minuten goldbraun braten. Die Filetstücke auf Küchenpapier abtropfen und erkalten lassen. **5** Die Salatblätter vorsichtig abspülen, gut abtropfen lassen oder trocken schleudern. Salatblätter nach Belieben etwas kleiner zupfen und kurz vor dem Servieren mit der vorbereiteten Sauerkirsch-Vinaigrette mischen. Die Kaffee-Macadamia-Schnitzelchen mit dem Salat portionsweise anrichten.

MIT FRUCHTIGEM SAMBAL

MAISKORN-KÜCHLEIN

FÜR 12 PORTIONEN

ZUBEREITUNGSZEIT
40 Minuten, ohne Ruhe- und Abkühlzeit

ZUTATEN
2 Frühlingszwiebeln
45 g geröstete, gesalzene Erdnusskerne
90 g Cornflakes
250 g abgetropfter Gemüsemais (aus der Dose)
Saft von dem Gemüsemais (aus der Dose)
3 Eier (Größe L)
75 ml Milch (3,5 % Fett)
3 EL Weizenmehl
Salz, Cayennepfeffer

7 EL Speiseöl zum Braten

FÜR DAS SAMBAL:
175 g Mango-Fruchtfleisch (vorbereitet gewogen)
½ rote Chilischote
1 kleine rote Zwiebel
125 g Cocktailtomaten
4–5 Stängel Koriander
4 EL Limettensaft
2 EL Ketjap Manis (süße Sojasauce)
5 EL Orangensaft

Nährwerte pro Portion: Eiweiß: 5 g, Fett: 8 g, Kohlenhydrate: 15 g, Kilojoule: 657, Kilokalorien: 157, BE: 1,0

1 Frühlingszwiebeln putzen, abspülen, abtropfen lassen und in sehr feine Scheiben schneiden. Nüsse fein hacken, Cornflakes leicht zerbröseln. Von dem Gemüsemais den Saft auffangen und beiseitestellen. Die Hälfte der Maiskörner fein hacken. **2** Eier mit Milch, dem Maissaft, Mehl, Salz und Cayennepfeffer verquirlen. Frühlingszwiebeln, Nüsse, Cornflakes, gehackten Mais und restliche Maiskörner mit einem Löffel gleichmäßig unterrühren. Den Teig etwa 15 Minuten ruhen lassen. **3** Die Maismasse mit leicht angefeuchteten Händen zu 12 Küchlein formen, flach drücken. Das Speiseöl in einer Pfanne bei mittlerer Hitze erhitzen. Die Küchlein darin portionsweise von jeder Seite in etwa 2 Minuten goldbraun braten. Die Küchlein auf Küchenpapier abtropfen und erkalten lassen. **4** Für das Sambal Mango-Fruchtfleisch klein würfeln. Chili abspülen, abtrocknen, entstielen und mit den Kernen fein hacken. Die Zwiebel abziehen und fein würfeln.
5 Tomaten abspülen, abtrocknen, halbieren und evtl. die Stängelansätze herausschneiden. Tomaten klein schneiden. **6** Koriander abspülen, trocken tupfen und die Blättchen von den Stängeln zupfen. Nach Belieben einige Blättchen zum Garnieren beiseitelegen. Restliche Blättchen fein hacken.
7 Mangowürfel, Chili, Zwiebelwürfel, Tomaten und fein gehackten Koriander in einer Schüssel mischen, mit etwas Salz, Limettensaft, Ketjap Manis und Orangensaft verrühren. Maisküchlein mit Sambal und Korianderblättchen servieren.

SANDWICH MAL ANDERS

Nordic SCONES

FÜR 6 STÜCK
♥♥♥♥♥♥

ZUBEREITUNGSZEIT
35 Minuten,
ohne Abkühlzeit

BACKZEIT:
etwa 18 Minuten

ZUTATEN
75 g vorgegarte Rote Bete (vakuumverpackt)
175 g Weizenmehl
1½ gestr. TL Dr. Oetker Backin
1 TL Senfpulver
Cayennepfeffer
Salz
75 g Butter (zimmerwarm)
75 g grob geraspelter Cheddarkäse
1 Ei (Größe L)
2½–3 EL Buttermilch
2 EL Milch

FÜR DEN BELAG:
1 eingelegte Salzzitrone (aus dem Glas, etwa 20 g)
5 Stängel Dill
250 g körniger Frischkäse
gem. schwarzer Pfeffer
6 Scheiben Graved Lachs (etwa 260 g)

Nährwerte pro Stück: Eiweiß: 22 g, Fett: 23 g, Kohlenhydrate: 26 g, Kilojoule: 1691, Kilokalorien: 404, BE: 2,0

1 Die Rote Bete in etwa ½ cm große Würfel schneiden. Den Backofen vorheizen. **Ober-/Unterhitze:** etwa 200 °C, **Heißluft:** etwa 180 °C. **2** Mehl mit Backpulver, Senfpulver, Cayennepfeffer und 1 Teelöffel Salz gut vermischen. Butter mit den Fingerspitzen so in die Mehlmischung einreiben, dass eine krümelige Textur entsteht. Den Käse untermischen. Ei mit Buttermilch verquirlen und mit einem Messer unterarbeiten. Rote Bete dazugeben. Die Zutaten mit den Händen kurz zu einem glatten Teig verkneten (der Teig sollte nicht mehr an der Schüssel kleben). **3** Den Teig auf der leicht bemehlten Arbeitsfläche zu einem etwa 2 ½ cm hohen Teigstück formen. Daraus 6 Kreise (Ø etwa 6 cm) ausstechen, auf ein Backblech (mit Backpapier belegt) legen und mit Milch bestreichen. Das Backblech in den vorgeheizten Backofen schieben. Die Scones **etwa 18 Minuten backen**. **4** Die Scones mit dem Backpapier von dem Backblech auf einen Kuchenrost ziehen und erkalten lassen. **5** Für den Belag die Zitrone sehr klein schneiden. Dill abspülen und trocken tupfen. Von 3 Stängeln die Spitzen abzupfen und fein schneiden. Den körnigen Frischkäse mit den Zitronenstückchen und Dillspitzen verrühren. Den Frischkäse mit Salz und Pfeffer würzen. **6** Die Scones einmal waagerecht durchschneiden. Die Hälfte des Frischkäses auf den unteren Hälften verteilen, mit Lachs, nach Belieben zu einer Rose gelegt, belegen. Den restlichen Frischkäse und den restlichen Dill darauf verteilen, mit den oberen Hälften belegen. Die Scones sofort servieren.

HERBSTGENUSS

WALNUSS-KÄSE-CROSTINI *mit Pfeffer-Feigen*

20 STÜCK

ZUBEREITUNGSZEIT
35 Minuten, ohne Abkühlzeit

ZUTATEN
225 g Baguette
60 g Walnusskerne
7 EL Olivenöl
1 EL frische Thymianblättchen
75 g getrocknete Soft-Feigen
200 g frische Feigen (etwa 5 Stück)
4 EL flüssiger Honig
2 EL Balsamico-Essig
Salz
gem. schwarzer Pfeffer
200 g Blauschimmelkäse
20 schöne Basilikumblättchen

Nährwerte pro Stück: Eiweiß: 4 g, Fett: 9 g, Kohlenhydrate: 13 g, Kilojoule: 601, Kilokalorien: 143, BE: 1,0

1 Den Backofengrill vorheizen. **2** Das Baguette in 20 etwa 1 cm dicke Scheiben schneiden. Die Baguettescheiben auf ein Backblech (mit Backpapier belegt) legen. **3** Walnusskerne, Olivenöl und abgespülte, trocken getupfte Thymianblättchen im Blitzhacker nicht zu fein hacken. Dann die Walnusspaste auf den Baguettescheiben verteilen. **4** Das Backblech unter den heißen Backofengrill (mittlere Schiene) schieben. Die Baguettescheiben in **etwa 3 Minuten goldbraun rösten**. **5** Die Crostini mit dem Backpapier von dem Backblech auf einen Kuchenrost ziehen und erkalten lassen. **6** Die getrockneten Soft-Feigen in sehr kleine Würfel schneiden. Die frischen Feigen abspülen, abtrocknen und ebenfalls in sehr kleine Würfel schneiden. Alle Feigenwürfel mit Honig und Balsamico-Essig mischen, mit etwas Salz und Pfeffer würzen. Den Käse in 20 kleine Spalten schneiden. **7** Das Pfeffer-Feigen-Kompott auf den Walnuss-Crostini verteilen. Jeweils 1 Käsespalte darauflegen. Die Basilikumblättchen abspülen und trocken tupfen. Die Crostini damit garnieren.

REICHLICH BELEGT

Gemüse-FLATBREAD

6–8 PORTIONEN

ZUBEREITUNGSZEIT
45 Minuten
TEIGGEHZEIT:
etwa 90 Minuten
BACKZEIT:
20–25 Minuten

ZUTATEN

FÜR DEN TEIG:
- 300 g Weizenmehl (Type 550)
- 1 TL Dr. Oetker Trockenbackhefe
- 1 TL Salz
- 1 EL fein gehackte frische Rosmarinnadeln
- 225 ml lauwarmes Wasser
- 2 EL Olivenöl

FÜR DEN BELAG:
- 75 g Fenchel
- ½ rote Paprikaschote (100 g)
- 75 g Cocktailtomaten
- 10 Basilikumblätter
- 100 g Ricotta (ital. Frischkäse)
- 10 g abgetropfte Kapern
- Salz
- Pfeffer
- 50 g abgetropfter Mozzarella (möglichst Büffelmozzarella)
- 25 g ger. Parmesan

Nährwerte pro Portion: Eiweiß: 9 g, Fett: 8 g, Kohlenhydrate: 34 g, Kilojoule: 1034, Kilokalorien: 247, BE: 3,0

1 Für den Teig Mehl in einer Rührschüssel mit Trockenbackhefe sorgfältig vermischen. Dann Salz und Rosmarin untermischen. Wasser und Olivenöl hinzugeben. Die Zutaten mit einem Mixer (Knethaken) zunächst kurz auf niedrigster, dann auf höchster Stufe in etwa 5 Minuten zu einem glatten Teig verarbeiten. Den Teig zugedeckt an einem warmen Ort etwa 90 Minuten gehen lassen. **2** Für den Belag den Fenchel putzen, abspülen und abtropfen lassen. Paprika entstielen, entkernen und die weißen Scheidewände entfernen. Schote abspülen und abtropfen lassen. Fenchel und Paprika in hauchdünne Scheiben hobeln. Tomaten abspülen, abtrocknen und jeweils in 3 Scheiben schneiden. Basilikum abspülen, trocken tupfen und grob zerschneiden. **3** Den Backofen vorheizen. **Ober-/Unterhitze:** etwa 250 °C. **4** Den Teig in etwas Mehl wenden, nicht mehr durchkneten und sofort auf einem Backblech (gefettet, mit Backpapier belegt) zu einem etwa 1 cm dicken, ovalen Fladen formen. **5** Den Hefeteigfladen gleichmäßig mit Ricotta bestreichen, danach mit Basilikum und Kapern bestreuen. Fenchel, Paprika und Tomaten gleichmäßig darauf verteilen. **6** Das Flatbread mit Salz und Pfeffer bestreuen. Mozzarella klein zupfen, mit Parmesan auf dem Flatbread verteilen. Das Backblech in den vorheizten Backofen (unterste Schiene) schieben. Gemüse-Flatbread **20–25 Minuten backen**. **7** Das Backblech auf einen Kuchenrost stellen. Das Gemüse-Flatbread in 6–8 gleich große Stücke schneiden und am besten heiß servieren.

EDEL-SNACK

ERDBEEREN & BÜNDNER FLEISCH
mit Pfeffer-Meringues

FÜR 24 STÜCK

ZUBEREITUNGSZEIT
25 Minuten
TROCKENZEIT:
etwa 3 Stunden

ZUTATEN
FÜR DIE
PFEFFER-MERINGUES:
½ gestr. TL abgetropfter
grüner Pfeffer
(in Lake – aus dem Glas)
1 Eiweiß (Größe L)
50 g Puderzucker
1 TL Weißweinessig

AUSSERDEM:
24 schöne, große
Erdbeeren mit Grün
24 Scheiben Bündner
Fleisch (75 g)
24 Zahnstocher

Nährwerte pro Stück: Eiweiß: 1 g, Fett: 0 g, Kohlenhydrate: 4 g, Kilojoule: 87, Kilokalorien: 21, BE: 0,5

1 Den Backofen vorheizen. **Ober-/Unterhitze:** etwa 90 °C, **Heißluft:** etwa 70 °C. **2** Für die Meringues Pfefferkörner in einem Sieb mit reichlich kaltem Wasser abspülen und gut abtropfen lassen. Pfefferkörner fein hacken. **3** Das Eiweiß mit einem Mixer (Rührstäbe) auf höchster Stufe so steif schlagen, dass ein Messerschnitt sichtbar bleibt. Nach und nach Puderzucker unterschlagen und so lange schlagen, bis der Eischnee stark glänzt. Zuletzt Essig und Pfeffer kurz unterschlagen. **4** Die Baisermasse in einen Gefrierbeutel füllen und eine etwa 2 cm große Spitze abschneiden. 24 ovale Häufchen auf ein Backblech (gefettet, mit Backpapier belegt) spritzen. Dabei etwas Abstand zwischen den Häufchen lassen. **5** Das Backblech in den vorgeheizten Backofen schieben. Die Meringues **etwa 3 Stunden trocknen lassen**. Dabei einen Holzlöffel in die Backofentür stecken, damit die Feuchtigkeit aus dem Backofen entweichen kann. **6** Die Pfeffer-Meringues mit dem Backpapier von dem Backblech auf einen Kuchenrost ziehen und erkalten lassen. **7** Erdbeeren putzen, abspülen und gut trocken tupfen. Jede Erdbeere mit 1 Scheibe Bündner Fleisch umwickeln und mit 1 Zahnstocher feststecken. Die Erdbeeren mit den Pfeffer-Meringues anrichten.

Tipps: Die Pfeffer-Meringues können Sie bereits 2 Tage vor dem Servieren zubereiten. Bewahren Sie die Pfeffer-Meringues dann bis zur Verwendung in gut schließenden Blechdosen auf. Seien Sie bei der Pfeffermenge vorsichtig. Wenn Sie es nicht ganz so pfefferig mögen, nehmen Sie lieber etwas weniger Pfeffer.

KLEINE KÖSTLICHKEITEN

SCHOKO-MANGO-STÄBCHEN

FÜR 40 STÜCK

ZUBEREITUNGSZEIT
80 Minuten, ohne Gar- und Kühlzeit

ZUTATEN
1 reife Mango (etwa 425 g)
500 g Äpfel, z. B. Boskop
40 ml Zitronensaft
135 g Zucker
½ EL Sonnenblumenöl

FÜR DEN GUSS:
100 g Edelbitter-Schokolade (70 % Kakaoanteil)
15 g Schlagsahne
2 EL brauner Zucker

Nährwerte pro Stück: Eiweiß: 0 g, Fett: 1 g, Kohlenhydrate: 7 g, Kilojoule: 174, Kilokalorien: 42, BE: 0,5

1 Die Mango halbieren und das Fruchtfleisch vom Stein schneiden. Mango schälen. Das Fruchtfleisch in grobe Würfel schneiden. Äpfel schälen, vierteln, entkernen und grob würfeln. Mango- und Apfelwürfel mit dem Zitronensaft in einem Topf zugedeckt bei mittlerer Hitze etwa 1 Stunde weich kochen. Dabei ab und zu umrühren. **2** Dann die Früchte durch ein grobes Sieb passieren, mit dem Zucker verrühren und bei schwacher Hitze im offenen Topf etwa 2 ½ Stunden sehr dick einkochen lassen. Dabei gelegentlich, zum Schluss häufiger umrühren. Topf von der Kochstelle nehmen, Püree etwas abkühlen lassen. **3** Ein Backblech mit Sonnenblumenöl bestreichen und möglichst glatt mit Frischhaltefolie auslegen. Das lauwarme Püree darauf verteilen, mit einem Tortenheber glatt streichen und erkalten lassen. Dann mit Frischhaltefolie zugedeckt über Nacht in den Kühlschrank stellen. **4** Die Püreeplatte mit einem scharfen Messer in Stäbchen (4 x 1 cm) schneiden. Diese zugedeckt in den Kühlschrank stellen. **5** Für den Guss die Schokolade in Stücke brechen, mit der Sahne in einem kleinen Topf im Wasserbad bei schwacher Hitze geschmeidig rühren, dann lauwarm abkühlen lassen. **6** Mango-Stäbchen etwa 3 Minuten bei Zimmertemperatur stehen lassen. Anschließend die Mango-Stäbchen am besten mit einer Pinzette oder einer Gabel in die Schokolade tauchen. Überschüssige Schokolade durch vorsichtiges Schütteln abtropfen lassen. Die Stäbchen auf Backpapier legen, mit dem Zucker bestreuen und die Schokolade fest werden lassen.

Tipp: Die Stäbchen sind in gut schließenden Dosen zwischen Lagen von Backpapier etwa 2 Wochen haltbar (kühl gestellt).

Hausbar- **BASICS**

Passendes Equipment und beste Zutaten: So werden Mädels zu perfekten Barmaids.

DIE GLÄSER

- Weißwein- u. Rotweingläser für die unterschiedlichsten Drinks
- hitzebeständige u. Bowlengläser für Bowlen u. Heißgetränke
- Cocktailgläser/-schalen (flache, kelchförmige Stielgläser) für z. B. den Martini Cocktail
- Fancygläser (in Becher- oder Tulpenform) mit großem Volumen für Drinks mit viel Eis
- Tumbler (Becher- oder Whiskeygläser) mit dickem Boden, z. B. für den Mojito
- Longdrink- o. Highball-Gläser (große, seitlich gerade Tumbler) z. B. für den Sex on the Beach
- Sektkelche u. -flöten für z. B. den Hausbar-Clou

DAS WERKZEUG

- Shaker: Rührglas
- Barsieb (es gibt auch Shaker mit eingebautem Sieb im Deckel)
- Standmixer, Pürierstab u. evtl. Entsafter
- Stirrer: Rührstab
- Holzstößel zum Zerdrücken von Obststücken o. Minze
- Holzhammer o. Fleischklopfer u. Küchenhandtuch zum Zerkleinern von Eiswürfeln
- Eisbehälter u. Eiszange
- Messbecher o. Schnapsglas mit einer 2-cl-Markierung

DIE ZUTATEN

- Eiswürfel, grob zerstoßenes Eis u. crushed ice; Eis etwa 5 Minuten vor der Verwendung aus dem Gefrierfach nehmen, sonst ist es zu kalt, um die Kälte an den Drink abzugeben
- Fruchtsäfte aus 100 % Fruchtsaft o. frisch gepresst
- brauner Zucker und Rohrzucker
- Cream of Coconut
- Fruchtsirupe, u. a. Grenadinesirup, Limettensirup, Holunderblütensirup
- reiner Limettensaft u. Lime Juice (mit Wasser versetztes Limonadenkonzentrat aus Limettensaft u. Zucker)
- Mineralwasser (mit u. ohne Kohlensäure), Sodawasser, Tonic Water
- Ginger Ale u. Bitter Lemon
- Milchprodukte o. Ersatzprodukte wie Schlagsahne, Buttermilch, Milch, Mandel-, Hafer- o. Reisdrink

DIE GETRÄNKE (AUSWAHL)

- Wodka
- Rum (braun u. weiß)
- Gin
- Cachaça: brasilianischer Zuckerrohrschnaps
- Whiskey/Whisky (irische u. amerikanische Sorten werden mit „e" geschrieben, schottische u. kanadische ohne „e")
- Tequila
- Sekt
- Blue Curaçao (alkoholfrei als Sirup erhältlich)
- Aperol
- Rot- u. Weißwein
- Orangenlikör
- Batida de Côco
- LICOR 43
- Jägermeister
- Vermouth/Wermut, z. B. Martini
- Angostura Bitter zur Geschmacksabrundung von Drinks; sollte nicht pur getrunken werden
- Curaçao Triple Sec: farbloser Orangenlikör (mind. 30 Vol.-%)

Gut zu wissen: WICHTIGE HINWEISE

ABKÜRZUNGEN

EL	=	Esslöffel	ml	=	Milliliter	TK	=	Tiefkühlprodukt
TL	=	Teelöffel	l	=	Liter	°C	=	Grad Celsius
Msp.	=	Messerspitze	evtl.	=	eventuell	Ø	=	Durchmesser
Mg	=	Milligramm	geh.	=	gehäuft	BE	=	Broteinheiten
g	=	Gramm	gestr.	=	gestrichen			
cl	=	Zentiliter (1 cl = 10 ml)	gem.	=	gemahlen			
			ger.	=	gerieben			

Bei den Nährwertangaben in den Rezepten handelt es sich um auf- bzw. abgerundete ganze Werte. Lediglich die Broteinheiten werden in 0,5er-Schritten mit einer Stelle nach dem Komma angegeben. Aufgrund von ständigen Rohstoffschwankungen und/oder Rezepturveränderungen bei Lebensmitteln, kann es zu Abweichungen kommen. Die Nährwertangaben dienen daher lediglich Ihrer Orientierung und eignen sich nur bedingt für die Berechnung eines Diätplans, zum Beispiel bei Krankheiten wie Diabetes. Bei krankheitsbedingten Diäten richten Sie sich daher bitte nach den Anweisungen Ihres Diätassistenten bzw. Ihres Arztes.

ERST LESEN – DANN STARTEN

Lesen Sie bitte vor der Zubereitung – besser noch vor dem Einkaufen – das Rezept einmal vollständig durch. Oft werden Arbeitsabläufe oder -zusammenhänge dann klarer.

EINS NACH DEM ANDEREN

Die Zutaten sind in der Reihenfolge ihrer Verarbeitung aufgeführt. Die Arbeitsschritte sind einzeln hervorgehoben, in der Reihenfolge, in der wir sie ausprobiert haben.

DAS OPTIMALE TIMING

Die Zubereitungszeit ist ein Anhaltswert für die Dauer der Vorbereitung und die eigentliche Zubereitung. Längere Wartezeiten wie Kühl- oder Abkühlzeiten, Auftau- und Durchziehzeiten sind, sofern parallel keine weitere Tätigkeit erfolgt, nicht mit einbezogen. Die Gar- und Backzeiten sind ebenfalls im Rezept angegeben.

DIE RICHTIGE EINSTELLUNG

Die in den Rezepten angegebenen Gar- und Backtemperaturen sowie -zeiten sind Richtwerte, die je nach individueller Hitzeleistung des Backofens über- oder unterschritten werden können. Die Temperaturangaben in diesem Buch beziehen sich auf Elektrobacköfen. Die Möglichkeiten der Temperatureinstellung für Gasbacköfen variieren je nach Hersteller, sodass wir keine allgemeingültigen Angaben machen können. Bitte beachten Sie deshalb bei der Einstellung des Backofens die Gebrauchsanweisung des Herstellers. Ein Backofenthermometer eignet sich dabei gut, um die Backofentemperatur im Blick zu haben.

NICHT VERGESSEN!

Mixgetränke müssen kalt sein, achten Sie deshalb darauf, dass sowohl das Glas als auch größere Flüssigkeitsmengen, die zugegeben werden (z. B. Saft, Limonaden, Sekt) gut gekühlt sind. Je nach verwendeter Spirituosenmarke kann die Farbe der fertigen Drinks schwanken. Waschen Sie Obst, das Sie verwenden wollen, gründlich unter lauwarmem Wasser ab.

Kapitel REGISTER

Alphabetisches REGISTER

UNSER RATGEBER- UND SERVICE-TELEFON

Wünsche und Anregungen sind uns willkommen!
Haben Sie Fragen? Benötigen Sie Hilfe bei der Zubereitung der Rezepte oder möchten Sie uns etwas mitteilen? Die Mitarbeiter des Dr. Oetker Verlages und des Verbraucherservices der Dr. Oetker Versuchsküche beantworten Ihre Frage gern.

Versuchsküche: Tel. 0 08 00 71 72 73 74
Mo.–Fr. 8:00–18:00 Uhr
(gebührenfrei in Deutschland)

Dr. Oetker Verlag: Tel. +49 (0) 521 52 06 42
Mo.–Fr. 9:00–15:00 Uhr

Dr. Oetker Verlag KG, Am Bach 11, 33602 Bielefeld
www.oetker-verlag.de | www.facebook.com/Dr.OetkerVerlag | www.oetker.de

Umwelthinweis Dieses Buch und der Einband wurden auf FSC®-zertifiziertem, chlorfrei gebleichtem Papier gedruckt. Die Einschrumpffolie – zum Schutz vor Verschmutzung – ist aus umweltfreundlichem und recyclingfähigem PE-Material.

FSC www.fsc.org MIX Papier aus verantwortungsvollen Quellen FSC® C004592

Redaktion Christina Langner

Rezeptfotos Walter Cimbal, Hamburg (S. 95)
Fotostudio Diercks: Thomas Diercks, Christiane Krüger,
Kai Boxhammer – Hamburg (S. 9, 13, 15, 27, 29, 41, 83, 91, 101–113, 117, 121)
Eising Studio Food Photo & Video, München (S. 59)
Janne Peters, Hamburg (S. 115, 119, 123)
Antje Plewinski, Berlin (S. 16/17, 23, 33, 39, 43, 45, 57, 79, 85–89, 93)
Anke Politt, Hamburg (S. 10/11, 21, 25, 34/35, 37, 51–55, 61–75, 81)
Hans-Joachim Schmidt, Hamburg (S. 99)
Axel Struwe, Bielefeld (S. 19, 31, 47)

Vorwort- und Aufmacherfotos Axl Images/Getty Images (S. 76/77)
Blend Images Photography/veer.com (S.6/7)
©istock.com/webphotographeer (S.96/97)
Jamie Grill/Getty Images (S. 4/5)
OJO Images Photography/veer.com (S. 48/49)

Rezeptentwicklung Sarah Trenkle, Hamburg

Foodstyling Diane Dittmer, Hamburg

Titelfoto Fotostudio Diercks, Hamburg

Nährwertberechnungen Nutri Service, Hennef

Texte & Ratgeber Klaus Schäfer, Bonn

Grafisches Konzept und Gestaltung BCW Gesellschaft für Kommunikation, Hamburg

Satz JUNFERMANN Druck & Service GmbH & Co. KG, Paderborn

Reproduktionen Longo AG, Bozen, Italien

Druck und Bindung Firmengruppe APPL, aprinta Druck, Wemding

ISBN: 978-3-7670-1029-1